MENTALIDAD DE ABUNDANCIA

EL ÉXITO COMIENZA AQUÍ

Imagina tu vida en abundancia

JOEL OSTEEN

ORIGEN

Penguin
Random House
Grupo Editorial

Título original: *The Abundance Mind-Set: Success Starts Here*
Primera edición: julio de 2021

Esta edición es publicada bajo acuerdo con
Hachette FaithWords, New York, New York, USA. Todos los derechos reservados.

© 2020, Joel Osteen
© 2021, Penguin Random House Grupo Editorial USA, LLC
8950 SW 74th Court, Suite 2010
Miami, FL 33156

Traducción: Daniel Esparza
Diseño de cubierta: www.produccioneditorial.com
Foto de cubierta: Pexels

A menos que se indique lo contrario, las citas bíblicas fueron tomadas
de la RVR 1960, Reina-Valera © 1960 Sociedades Bíblicas en América Latina;
© renovado 1988 Sociedades Bíblicas Unidas. Utilizado con permiso.
Reina-Valera 1960™ es una marca registrada de la American Bible Society

Impreso en Estados Unidos / *Printed in USA*

ISBN: 978-1-64473-332-5

ORIGEN es una marca registrada de Penguin Random House Grupo Editorial

21 22 23 24 25   10 9 8 7 6 5 4 3 2 1

Contenido

Introducción

Todos tenemos visión. Cada uno tiene una imagen de sí mismo, de su familia, de su futuro. La pregunta es: ¿cómo es tu imagen? ¿Te ves ascendiendo cada vez más alto, superando obstáculos y disfrutando de una vida abundante? ¿O tienes una imagen de ti mismo luchando constantemente contra la adversidad, derrotado, adicto, con sobrepeso y sin la posibilidad de descansar? Las imágenes que des cabida en tu mente determinarán tu vida. Si tu visión es limitada, tu vida será limitada. Las Escrituras dicen que las personas son como piensan que son.

Antes de que tu sueño se haga realidad, debes verte cumpliendo ese sueño. Debes visualizarte como parte de esa imagen. Antes de obtener ese ascenso o de superar esa adicción, tienes que imaginarlo. Las imágenes que mantienes frente a ti —tu visión— no solo se instalan en tu espíritu, sino que también llegan a tu subconsciente. Una vez que algo se acomoda en tu subconsciente, te atraerá como la fuerza de gravedad, sin que lo pienses.

Mucha gente almacena imágenes negativas en su subconsciente. Se ven a sí mismos débiles, derrotados, inferiores, y se preguntan por qué sienten que algo siempre los mantiene oprimidos. Todo es una lucha. Nunca se sienten bien consigo mismos porque se aferran a las imágenes equivocadas. Si cambias esas imágenes y comienzas a verte como Dios te ve: bendecido, próspero, saludable, fuerte, talentoso, exitoso, en lugar de tener algo constantemente trabajando en tu contra, tendrás algo trabajando a tu favor. Te moverás hacia la bendición, la gracia, el progreso y la abundancia.

Las Escrituras dicen que "donde no hay visión, el pueblo se extravía" (Proverbios 29:18, NVI). No dice "donde no hay dinero, oportunidades o talento". Lo que nos limita es la falta de visión. Atrévete a soñar de nuevo. Atrévete a tener la visión de una vida abundante y confía en que Dios la llevará a cabo. No tienes que imaginarte cómo sucederá. Todo lo que debes hacer es creer. Un toque del favor de Dios puede hacer realidad cualquier sueño, pero debes visualizarlo en tu interior antes de que suceda en el exterior.

Conforme avances en la lectura, te ayudaré a desarrollar una mentalidad de abundancia para tu vida. Entonces, pronto llegará el día cuando no solo tendrás un sueño, sino que vivirás tu sueño. Tu visión se hará realidad.

CAPÍTULO 1

TEN UNA MENTALIDAD
DE ABUNDANCIA

El sueño de Dios para tu vida es que seas bendecido de tal manera que te conviertas en bendición para los demás. David dijo: "Mi copa rebosa" (Salmo 25:3, BLP). Dios es Dios de abundancia, pero la clave es no enfocarte en la escasez, en la falta de recursos o en las dificultades sino esperar la abundancia. Si has estado bajo presión durante mucho tiempo y tienes dificultades para llegar a fin de mes, es de suponer que hayas desarrollado una mentalidad limitada: "Nunca saldré de este vecindario" o "nunca tendré suficiente para enviar a mis hijos a la universidad". Puede que sea allí donde estés ahora, pero no es allí donde debes quedarte.

Dios se llama *El Shaddai*, el Dios de Más-Que-Suficiente. No es el Dios de Apenas-Lo-Necesario o el Dios de Ayúdame-A-Salir-Adelante. Él es Dios desbordante. El Dios de la abundancia.

El Salmo 35 dice: "Exaltado sea el Señor,

quien se deleita en el bienestar de su siervo" (Salmo 35:27, NVI). Entonces, se supone que sus hijos deberían decir siempre: "Dios se complace en hacerme prosperar". Este salmo quiere ayudarnos a desarrollar nuestro pensamiento de abundancia, porque nuestra vida se mueve hacia aquello en lo que siempre tenemos en mente. Si siempre tienes pensamientos de escasez, de insuficiencia y de dificultades, estás moviéndote hacia las cosas equivocadas. Durante todo el día, medita en estos pensamientos: desborde, abundancia, y en que Dios se complace en prosperarte.

APENAS SUFICIENTE, SUFICIENTE Y MÁS QUE SUFICIENTE

En las Escrituras leemos que los israelitas habían vivido en esclavitud durante muchos años. Esa era la tierra de Apenas Suficiente. Solo podían aguantar, sobrevivir, apenas mantenerse a flote. Un día, Dios los sacó de la esclavitud y los llevó al desierto. Esa era la tierra de Suficiente. Sus necesidades fueron satisfechas, pero sin nada adicional. Las Escrituras dicen que su ropa no se desgastó durante cuarenta años. Estoy seguro de que estaban agradecidos. No sé ustedes, pero yo no quiero usar la misma ropa durante los próximos cuarenta años. Si tengo que hacerlo, no me quejaré, pero esa no es mi idea de abundancia. Tampoco era ni es la de Dios, quien finalmente los llevó a la Tierra Prometida, la tierra de Más Que Suficiente, donde la comida y los suministros eran abundantes. Los racimos de uvas eran tan grandes que dos hombres adultos tuvieron que cargarlos. La llaman "la tierra donde fluye leche y miel". Ese fluir significa que nunca se acabó, que continuó abundante. Hacia allá es a donde Dios te está llevando.

Puede que ahora estés en la tierra de Apenas Suficiente. Tal vez no sabes cómo saldrás adelante la semana que viene. No te preocupes. Dios no te ha olvidado. Dios viste a los lirios del campo, alimenta a los pájaros del aire, así que Él cuidará de ti.

Puede que estés en la tierra de Suficiente. Tus necesidades están cubiertas. Estás agradecido, pero no hay nada más, nada que te ayude a perseguir y cumplir tus sueños. Dios está diciendo: "No soplé mi vida en ti para que vivas en la tierra de Apenas Suficiente. No te creé para vivir en la tierra de Suficiente". Esas son solo estaciones. Son pruebas, pero no son permanentes. No bajes tus expectativas. Estás allí de paso. Es solo temporal. Dios tiene una tierra prometida para ti. Él tiene un lugar de abundancia, la tierra del Más Que Suficiente, donde todo lo que necesitas fluye,

no solo una vez, sino constantemente y cada vez
más. Tendrás, y tendrás en abundancia.

Si estás en la tierra de Apenas Suficiente, no te
atrevas a establecerte allí. Ahí es donde estás ahora, pero no es lo que eres. Esa es tu ubicación;
no es tu identidad. Eres un hijo del Dios Altísimo.
No importa cómo se vea el panorama, mantén
una mentalidad de abundancia. Recuérdate siempre: "Dios se complace en prosperarme. Soy cabeza, no cola".

Las Escrituras dicen que Dios suplirá nuestras
necesidades "conforme a sus riquezas" (Filipenses
4:19, RVR1960). Muy a menudo vemos nuestra
situación y pensamos: "Nunca saldré adelante. El
negocio va lento, vivo en una casa alquilada o con
ayuda social. Nunca saldré de aquí". Pero Dios
no te suplirá de acuerdo con lo que tú tienes, sino
de acuerdo con lo que Él tiene. La buena noticia
es que Él es dueño de todo. Un toque de su favor
puede sacarte de Apenas Suficiente y ponerte en
Más Que Suficiente. Dios tiene formas de hacerte crecer más allá de tus ingresos normales, más
allá de tu salario, más allá de lo predecible. Deja
de decirte: "Esto es todo lo que tendré. El abuelo
estaba arruinado. Mamá y papá no tenían nada.
Mi perro recibe asistencia social. Mi gato no tiene hogar". Olvida todo eso y reenfócate con una

mentalidad de abundancia: "Este no es mi lugar, aquí no es donde me quedaré. Estoy bendecido. Soy próspero. Mis recursos desbordarán en la tierra de Más Que Suficiente".

Cabra flaca o ternero gordo

Recibí una carta de una pareja joven. Ambos habían crecido en familias de bajos recursos. Todo lo que experimentaron fue escasez, conflicto, imposibilidad para salir adelante. Sus familias habían aceptado esa circunstancia, pero ellos no. Asistían a la iglesia Lakewood y no tenían una mentalidad de escasez. Al contario, tenían una mentalidad de abundancia, convencidos de que Dios tenía una tierra prometida reservada para ellos. Así que dieron un paso de fe y con sus ingresos, que no eran muchos, decidieron construir su propia casa. No pidieron un préstamo, sino que al tener algunos fondos, compraban materiales y contrataban constructores. Un par de años después, se mudaron a una hermosa casa en un lindo vecindario, sin deudas. Era como si Dios hubiera multiplicado sus fondos. Poco tiempo después, vendieron esa casa por el doble de lo que habían invertido. La señora escribió: "Nunca soñamos que seríamos tan bendecidos como ahora". Y añadió: "Mis bisabuelos y mis abuelos siempre me dijeron que con frijoles y arroz era suficiente, pero siempre supe que algún día comería bistec".

Si deseas convertirte en lo que Dios diseñó que seas, debes tomar una decisión como la de esa pareja. No te conformes con frijoles y arroz; no te quedes atrapado en la tierra de Apenas Suficiente o en la tierra de lo Suficiente. Al contrario, sigue orando, creyendo, esperando, deseando, soñando, trabajando y siendo fiel hasta que te abras camino hacia la tierra de Más Que Suficiente. Desde luego que no hay nada malo con los frijoles y el arroz, no hay nada malo con sobrevivir, pero Dios quiere que vayas más allá. Dios quiere que establezcas un nuevo estándar para tu familia porque Él es Dios desbordante, Dios Más Que Suficiente.

Jesús contó una parábola sobre un hijo pródigo. Este joven se fue de casa y desperdició todo su dinero, desperdició su herencia, y luego decidió regresar. Cuando su padre lo vio —el padre representa a Dios— le dijo al personal: "Vayan y maten el ternero gordo. Vamos a tener una fiesta". Pero el hermano mayor se molestó: "Papá, he estado contigo todo este tiempo y ni siquiera me has dado una cabra flaca".

Déjame preguntarte: ¿tienes una mentalidad de ternero gordo o tienes una mentalidad de cabra flaca? ¿Crees que los frijoles y el arroz son suficientemente buenos o dices: "Quiero unas enchiladas, quiero fajitas, quiero bistec"? Por supuesto que puedes vivir de pan y agua, claro que puedes sobrevivir en la tierra de Apenas Suficiente, y también puedes soportar la tierra de Suficiente. "Solo lo suficiente para llegar a fin de mes. Lo suficiente para pagar mis facturas esta semana", pero eso no es todo lo que Dios tiene para dar. Tu Padre celestial, aquel que te dio vida, está diciendo: "Tengo un ternero gordo para ti. Tengo un lugar para ti en la tierra de Más Que Suficiente".

No pienses que nunca saldrás adelante, que nunca vivirás en un lugar agradable o que nunca tendrás suficiente para cumplir tus sueños. Deshazte de esa mentalidad de cabra flaca y empieza a tener una mentalidad de ternero gordo. Dios quiere desbordar su bondad en ti. Él sabe de qué forma hacerte crecer como nunca lo has soñado.

UN TOQUE DEL FAVOR DE DIOS

Recibí la carta de una madre soltera que emigró a los Estados Unidos desde Europa hace muchos años. El inglés no era su idioma natal; además, tenía tres hijos pequeños, a quienes deseaba darles educación, pero no tenía la menor idea sobre cómo lograría pagarles la universidad. Parecía que estaba en desventaja, viviendo sola en un país extranjero, sin conocer a nadie.

Solicitó trabajo como secretaria en una prestigiosa universidad, pero varias decenas de personas solicitaron el mismo puesto. Cuando vio la competencia, tuvo la tentación de sentirse intimidada. Los pensamientos negativos bombardeaban su mente y, para empeorar las cosas, la señora que la entrevistó fue dura y la trató con menosprecio. Pero esta madre no se dio por vencida. No tenía una mentalidad de mujer desvalida que la impulsara a pensar: "¿De qué sirve? Estoy en desventaja; nunca saldré adelante". En cambio, tenía una mentalidad de ternero gordo; no veía que el camino sea abriera frente a sus ojos, pero sabía que Dios tenía un rumbo establecido para ella.

Todos los solicitantes realizaron una prueba de mecanografía de cinco minutos. No era una mecanógrafa rápida. Sin embargo, empezó a escribir lo mejor que pudo. Una campanilla sonó indicando que habían transcurrido sus cinco minutos, así que dejó de escribir, pero la señora a cargo se había distraído respondiendo una llamada telefónica y le dijo con brusquedad: "¡Sigue escribiendo! Esa no es tu señal para detenerte". Aunque sí lo era porque estaba justo frente al escritorio que le asignaron. Ella dijo "Está bien", y escribió durante cinco minutos más. Al finalizar la prueba, sumaron la cantidad de palabras que había escrito —en diez minutos— y la dividieron dentro de cinco, de manera que ella resultó tener las mejores habilidades de mecanografía y terminó consiguiendo el trabajo. Uno de los beneficios de trabajar para esta universidad era que sus hijos podían ir a la escuela gratis. Eso fue hace más de treinta años. Hoy, sus tres hijos se han graduado de esa prestigiosa universidad y han recibido más de setecientos mil dólares en educación, todo gratis.

Un toque del favor de Dios puede empujarte a Más Que Suficiente. No te convenzas de lo contrario. Durante todo el día, di: "Soy próspero. Me dirijo a la abundancia. Prestaré, en lugar de pedir prestado".

Un lugar de abundancia

Cuando los israelitas estaban en el desierto, en la tierra de Apenas Suficiente, se cansaron de comer lo mismo todos los días. Dijeron: "Moisés, queremos algo de carne". Se quejaban, pero al menos por un momento tuvieron una mentalidad de ternero gordo.

Moisés pensó: "Eso es imposible. ¿Carne aquí en el desierto? ¿Filete para dos millones de personas?". No había tiendas de abarrotes ni almacenes de comprar camiones cargados de carne, pero Dios tiene formas sorprendentes e inimaginables para proveer. Simplemente cambió la dirección del viento e hizo que una gran bandada de codornices entrara al campamento. No tuvieron que ir tras ellas. La comida les llegó. Lo interesante es que las codornices normalmente no viajan tan lejos del agua. Si no hubiera habido un viento fuerte, nunca habrían salido al desierto. ¿Qué es lo que quiero decirte? Que Dios sabe cómo hacerte llegar provisión.

Un especialista en estadística hizo algunos cálculos. Basado en el tamaño del campamento, el número de personas y el número de codornices necesarias para apilarse hasta a tres pies del suelo, como dicen las Escrituras, concluyó que aproximadamente 105 millones de aves entraron al campamento. Esa es la provisión de un Dios abundante. Podría haberles dado un par de codornices por persona, el equivalente a cuatro o cinco millones de codornices. Pero Dios no solo quiere satisfacer tus necesidades; quiere hacerlo en abundancia. La pregunta es: ¿estás pensando en cabras flacas o en terneros gordos?

"Bueno, Joel, la verdad es que yo nunca podría pagar un mejor lugar para vivir", podrías decirme. Con todo respeto, permíteme responderte: piensas como una cabra flaca.

"Nunca podría enviar a mis hijos a la universidad a la que realmente quieren asistir". Mentalidad de cabra flaca.

"Nunca podría construir ese orfanato. Nunca podría mantener a otras familias. Apenas puedo mantener a mi propia familia". Mentalidad de cabra flaca.

Amigo, amiga, Dios tiene un becerro gordo, un lugar de abundancia para ti. A Él no lo limitan tus circunstancias, la condición en la que creciste o lo que no tienes. Solo lo limitan tus pensamientos y lo que crees sobre tu futuro. Quizá has tenido esa cabra flaca contigo durante años y años, por lo que se han convertido en mejores amigos, pero ahora debes decirle: "Lo siento, nuestra relación ha terminado. Debemos separarnos".

Quizá tu cabra llore y se queje: "Baa-ah". Quizá te pregunte: "¿Es que hay alguien más?".

Dile: "Sí, he encontrado un ternero gordo. Basta ya de pensar que no tengo ni logro suficiente, que tengo y logro apenas lo suficiente o que tengo y logro solo lo suficiente. De ahora en

adelante, pensaré en tener y lograr más que suficiente; tengo una mentalidad de abundancia".

APRETAR Y REBOSAR

Cuando vivas con esta actitud, Dios te bendecirá
de formas que nunca imaginaste. Hablé con una
señora que ha pasado por muchas dificultades.
Durante años apenas se mantenía a flote, pero
todos los domingos ella y sus dos hijos llegaban
a Lakewood. A pesar de todos los obstáculos, no
tenían una mentalidad de cabra flaca. Vivían en
la tierra de Apenas Suficiente, pero no establecie-
ron su campamento allí, porque sabían que esa
no era su residencia permanente.

Como esta madre, debes permanecer fiel en el
desierto si vas a llegar a la Tierra Prometida. No
estoy diciendo que todo vaya a cambiar de la noche a la mañana. Seguramente habrá temporadas
de pruebas. Tus pensamientos te dirán que tus circunstancias nunca cambiarán, pero no creas esas
mentiras. Sigue siendo fiel allí donde estás, honrando a Dios, agradeciéndole porque pronto lograrás sobreabundancia.

El hijo de esta señora, desde niño, decía que
conseguiría una beca para ir a la universidad.
Pudo haber pensado: "Somos pobres; estoy en

desventaja". Pero esta madre les enseñó a sus hijos que somos hijos de un Dios de abundancia. Hace un tiempo, su hijo se graduó como el segundo mejor estudiante en su escuela secundaria. No recibió una beca, ni dos, ni siete. ¡Recibió nueve becas que sumaban más de 1,3 millones de dólares! Sus títulos de licenciatura, maestría y doctorado ya están todos pagados en la Universidad de Georgetown. Eso es lo que sucede cuando le dices adiós a la cabra flaca y saludas al ternero gordo.

Jesús habló sobre eso; dijo que cuando damos, todo nos es devuelto con una medida buena, apretada y rebosante. ¿Qué significa eso de "apretada"?

Solía hacer galletas con chispas de chocolate con nuestros hijos. La receta requiere tres cuartos de taza de azúcar morena. Cuando la viertes, es tan espesa y densa que incluso al llegar a la marca de los tres cuartos de taza, tienes que presionarla hacia abajo, "apretándola". De esta forma, puedes poner aproximadamente el doble de azúcar.

Eso es lo que Dios está diciendo. Cuando te ves lleno, crees que estás bendecido y saludable. Todo lo que necesitas es una beca. Solo quieres que la casa se venda por lo que invertiste en ella. Solo quieres codornices por un día o dos. Dios dice: "Está bien, pero soy Dios que se desborda.

Soy un Dios más que suficiente. Estoy a punto de apretar y dejar espacio para más de mi incremento. Voy a apretar la medida y mostrarte mi favor de una nueva y abundante manera".

Después de apretar, no solo llenará tu recipiente hasta el tope, sino que dará un paso más allá y te dará tanto que rebosarás. Solo querías una beca. Dios dice: "Eso está bien. Pero te voy a dar nueve para asegurarme de que estés cubierto". Solo querías sacar tu dinero de la venta de la casa. Dios dice: "Voy a hacer que se venda por el doble". Solo querías codornices por un día o dos. Dios dice: "Te voy a dar bistec durante todo un mes". Así es nuestro Dios. ¿Por qué no te pones de acuerdo con él y le dices: "Dios, estoy listo, soy generoso; tengo una mentalidad de abundancia y quiero agradecerte por la buena medida, apretada y rebosante que das a mi vida"?

SIN CARENCIAS, HACIA UNA TIERRA BUENA Y ESPACIOSA

Un amigo tiene un hijo que obtuvo su licencia de conducir hace un tiempo y realmente quería un automóvil. Su padre le dijo: "Creamos en que Dios te lo dará". El hijo respondió: "Papá, Dios no me dará un auto. Tú puedes comprármelo". Mi amigo le dijo: "No, oremos". Le pidieron a Dios que de alguna manera abriera un camino para que el muchacho pudiera tener un automóvil. Un par de meses después, el jefe de este hombre lo llamó y le dijo: "Durante los últimos dos años, hemos cometido un error en su cheque de pago. Le hemos estado pagando menos". Le entregaron un cheque por quinientos dólares más que lo que costaba el coche que esperaban comprar.

Las Escrituras dicen: "¿Acaso hay algo imposible para el Señor?" (Génesis 18:14, NVI). No sabes qué hará Dios si te deshaces de la cabra flaca. Dios está a punto de "apretar" algunas cosas. Está a punto de hacer espacio para mostrarte cómo puede lograr que crezcas de una nueva manera.

En el libro del Éxodo dice: "Los voy a sacar de allá y los voy a llevar a una tierra buena y espaciosa". No a una tierra pequeña. No a un lugar pequeño, reducido, lleno de gente, donde no hay espacio suficiente. No. Recibe esto en tu espíritu: Dios te lleva a una tierra espaciosa. A una tierra donde hay más que suficiente. Te lleva a una tierra con mucho espacio, una tierra que abunda en crecimiento, donde puedes descansar, una tierra en la que las oportunidades fluyen, donde no solo tienes lo suficiente sino que tienes en abundancia. Te abunda el espacio; te abundan los suministros;

te abundan las oportunidades. Si no estás en un lugar bueno y espacioso, te desafío a que no te quedes allí. No permitas que la mentalidad de cabra flaca eche raíces en ti. No creas que los frijoles y el arroz son suficientemente buenos. Ese lugar mediocre no es tu residencia permanente. Es solo un sitio temporal. Dios te lleva a una tierra buena y espaciosa.

"Bueno, Joel", dirás, "¿es que acaso eres uno de esos ministros del Evangelio de la prosperidad?".

No me gusta ese término. Eso es para alguien que solo habla de finanzas. La prosperidad para mí es tener salud, tener paz en tu mente; es dormir bien, disfrutar de buenas relaciones. Hay muchas cosas que el dinero no puede comprar. Si bien no me gusta el título de "ministro de la prosperidad", debo decir que no soy un ministro de la pobreza. No puedo encontrar un solo versículo en las Escrituras que sugiera que debamos escarbar porque no tenemos suficiente, que no podamos pagar lo que necesitamos y deseamos, que vivamos de las sobras, en la tierra de la insuficiencia. Fuimos creados para ser la cabeza y no la cola. Jesús vino para que disfrutemos de una vida abundante. Representamos al Dios Todopoderoso aquí en esta tierra. Debemos ser ejemplos de su bondad, tan bendecidos, tan prósperos, tan generosos, tan llenos de gozo, que otras personas quieran tener lo que nosotros tenemos.

Si llevara a mis dos hijos a tu casa y sus ropas estuvieran andrajosas y gastadas, con agujeros en los zapatos y el cabello sin peinar, me mirarías y pensarías: "¿Qué clase de padre es?". Sería un mal reflejo de quien soy. Cuando te ves bien, te vistes bien, vives en un lugar agradable, te destacas en tu carrera y eres generoso con los demás, Dios sonríe porque le complace, le satisface prosperarte.

El poder de obtener riqueza

Mi padre se crio durante la Gran Depresión. Creció sumamente pobre y desarrolló una mentalidad de escasez. En el seminario le enseñaron que se debía ser pobre para mostrarle a Dios que uno era santo. Y la iglesia de la que fue pastor se aseguró de que permaneciera santo manteniéndolo pobre. Ganaba poco más de cien dólares a la semana, con lo que intentaba criar a sus hijos, de modo que sobrevivía a duras penas. Una vez, él y mi mamá recibieron a un ministro invitado en casa durante toda la semana. El domingo después del servicio, un hombre de negocios se acercó a mi padre y le entregó un cheque por mil dólares. Ahora sería aproximadamente el equivalente a cinco mil dólares. Dijo: "Quiero que tomes este dinero para ayudarte con los gastos del ministro invitado". Mi padre tomó el cheque por la esquina como si estuviera contaminado y dijo: "Oh, no, yo nunca podría recibir esto. Debemos ponerlo en la ofrenda de la iglesia". Caminó hacia el recipiente de la ofrenda y, a cada paso, algo le decía: "No lo hagas. Recibe las bendiciones de Dios. Recibe el favor de Dios". Pero lo ignoró y dejó caer el cheque junto al resto de la ofrenda. Tiempo después nos contaría que se sintió profundamente mal cuando lo hizo.

Hay algo dentro de nosotros que nos dice: "Sí puedes ser bendecido, puedes disfrutar de una vida abundante porque eres hijo del Rey". Esa voz fue puesta allí por nuestro Creador. Pero aquí está la clave: tienes que darle permiso a Dios para prosperar. No puedes andar con una mentalidad de escasez, pensando: "Simplemente tomaré las sobras de otros para mostrarles a todos lo humilde y santo que soy. Después de todo, Dios no querría que yo tuviera demasiado. Eso sería codicia. Eso sería egoísmo". Deshazte de ese falso sentido de humildad que te niega una vida abundante.

Considera estas palabras de Deuteronomio 28, en la traducción de *The message*[1]: "Dios te

---

[1] N.E. *The message. The Bible in contemporary language* (El mensaje. La Biblia en lenguaje contemporáneo) es una obra del Pastor, académico y poeta Eugene Peterson, publicada por frag-

colmará de cosas buenas... Él abrirá las puertas de sus bóvedas celestes y hará llover su favor... Siempre serás el líder de la manada, y no el último". Debes comenzar a verte como el líder que no vive de sobras, que no tiene dificultad para pagar lo que quiere, que no vive en la tierra de No Suficiente. Ven a la tierra de Más Que Suficiente. Empieza por cambiar tu pensamiento y darle permiso a Dios para que te haga crecer. Dale permiso para que te prodigue cosas buenas.

Pensamos: "¿Está mal que yo quiera vivir en una casa espaciosa o conducir un coche bonito? ¿Está mal querer recursos para cumplir mis sueños o soñar con dejar una herencia para mis hijos?". Dios está diciendo: "No está mal. Me complace hacerte prosperar". Si estaba mal tener recursos, abundancia y riqueza, ¿por qué habría elegido Dios comenzar el nuevo pacto con Abraham?, llamado el padre de nuestra fe. Las Escrituras dicen: "Y Abram era riquísimo en ganado, en plata y en oro". Él era el Bill Gates de su época. Dios podría haber elegido a cualquiera, pero eligió a Abraham, un hombre extremadamente bendecido.

David dejó miles de millones de dólares en herencia para que su hijo construyera el templo. Sin

---

mentos entre 1993 y 2002. Por la misma, recibió el ECPA Gold Medallion Book Award, uno de los premios más prestigiosos de la literatura cristiana.

embargo, a David se le llama "un hombre conforme al corazón de Dios". Deshazte de la idea de
que "Dios no quiere que yo tenga demasiado. Eso
no estaría bien. Puede que eso no se vea bien".
Es simplemente lo contrario. Cuando te ves bien,
Dios se ve bien. Cuando eres bendecido, próspero
y exitoso, lo honras.

Yo sé que todo lo que tengo viene de Dios. El
traje que llevo puesto, mi coche, mi casa o mis
recursos, todo es gracias a la bondad de Dios. No
tienes que disculparte por lo que Dios ha hecho en
tu vida. Usa bien tus bendiciones.

La Escritura dice: "[El Señor] te da el poder
para hacer las riquezas" (Deuteronomio 8:18,
RVR1960). Dios no te daría poder para hacer
algo y luego te condenaría por hacerlo. No hay
nada de malo en que tengas dinero. La clave es no
dejar que el dinero te posea. No permitas que se
convierta en el centro de tu vida. No busques los
bienes. Busca al proveedor de esos bienes. El dinero es simplemente una herramienta para alcanzar
tu destino y lograr que su Reino avance.

MIL VECES MÁS

Victoria y yo tenemos grandes sueños en nuestro
corazón. Se necesitarán millones de dólares para

hacerlos realidad. Son sueños que nos incluyen, y que bendicen a otros porque soñamos con construir orfanatos y clínicas. No puedo hacer eso con una mente limitada y deficiente de "Dios no quiere que tenga demasiado". Yo sé que mi Padre es el dueño de todo. Hace calles de oro. No harás caer al cielo en bancarrota si crees en una vida abundante. Todo lo que Dios tiene que hacer es recoger un pedacito de pavimento celestial y dártelo. Cuando tengas esta mentalidad abundante y el deseo de promover el Reino, Dios te prodigará cosas buenas. Él abrirá las puertas de sus bóvedas celestiales para que no solo logres tus sueños, sino que también ayudes a otros y seas bendición para el mundo.

Mi oración para ti se encuentra en Deuteronomio 1:11: "Que el Señor, el Dios de sus padres, los multiplique mil veces más de lo que son" (NBLA). ¿Puedes recibir eso en tu espíritu? Mil veces más favor. Mil veces más recursos. Mil veces más ingresos. ¡La mayoría de nuestros pensamientos se resisten a entender esto! Es porque llevamos demasiado tiempo saliendo con esa cabra flaca. Es hora de dejarla ir. Es hora de tener una mentalidad de ternero gordo. Dios está a punto de compactar algunas cosas. Está a punto de hacer espacio en tu vida para que recibas más de su incremento.

Ahora levántate cada mañana y di: "Señor, quiero agradecerte, porque estás abriendo tus bóvedas del cielo hoy, haciendo llover favor y prodigándome cosas buenas. Soy próspero".

Con esa mentalidad de abundancia, creo y declaro que no vivirás en la tierra de Apenas Suficiente ni en la tierra de Suficiente, sino que entrarás en la tierra de Más Que Suficiente.

CAPÍTULO 2

MÍRATE ASCENDIENDO
A NUEVOS NIVELES

Uno de los aspectos más importantes de vernos como Dios nos ve implica el desarrollo de una mentalidad abundante y próspera. Tal como ya hemos establecido, la visión que tenemos de nosotros mismos nos construye o nos arruina.

Dios ya te ha equipado con todo lo que necesitas para una vida próspera. Plantó "semillas" dentro de ti, todas llenas de posibilidades. Te dio un potencial increíble, ideas creativas y sueños. Pero el hecho de que esas cosas estén dentro de ti no significa que te harán bien. Tienes que empezar a aprovecharlas. En otras palabras, más allá de cualquier duda, debes creer que tienes lo necesario. Debes tener en cuenta que eres un hijo del Dios Altísimo y fuiste creado para grandes cosas. Dios no te hizo para ser mediocre. Dios te creó para sobresalir y te ha dado la habilidad, la perspicacia, el talento, la sabiduría y su poder sobrenatural para hacerlo. Tienes todo lo que necesitas ahora mismo para cumplir tu destino dado por Dios.

La Biblia dice que Dios "nos ha bendecido con toda bendición espiritual" (Efesios 1:3, RVR1960). Date cuenta de que esa descripción está en tiempo pasado. Dios ya lo ha hecho. Ya ha depositado en cada uno todo lo que necesitamos para triunfar. Ahora depende de nosotros comenzar a trabajar en lo que ya poseemos.

Recuerda que eso es lo que Abraham tuvo que hacer. Veinte años antes de que tuviera un hijo, Dios le habló y le dijo: "Te he hecho padre de muchas naciones" (Romanos 4:17, NVB).

Abraham podría haber dicho: "¿Quién, yo? Yo no soy padre. No tengo hijos". En cambio, Abraham eligió creer lo que Dios le había dicho sobre sí mismo. Su actitud fue: "Dios, lo que dices no parece ser posible desde un punto de vista racional y natural, pero no voy a dudar de tu palabra. No voy a intentar resolverlo racionalmente. Solo voy a estar de acuerdo contigo. Si dices que Sarah y yo podemos tener un bebé a nuestra edad, por extravagante que parezca, te creeré".

Curiosamente, Dios le hizo la promesa a Abraham en tiempo pasado y, sin descartar la realidad del momento presente y su futuro cumplimiento, para Dios era como si ya hubiera sucedido: "Te he hecho padre de muchas naciones". Obviamente, Dios planeó darle un hijo a Abraham, pero en lo que a él concernía, ya era un trato hecho. Sin embargo, Abraham tenía la responsabilidad de confiar en Dios y creer. Efectivamente, unos veinte años después, Abraham y Sara tuvieron un hijo al que llamaron Isaac.

De manera similar, a lo largo de la Biblia, Dios ha dicho grandes cosas sobre ti. Pero esas bendiciones no sucederán automáticamente. Tienes que hacer tu parte, creyendo que eres bendecido, viéndote como bendecido, actuando como si fueras bendecido. Cuando lo hagas, la promesa se hará realidad en tu vida.

Por ejemplo, la Biblia dice: "Somos más que vencedores" (Romanos 8:37, RVR1960). No dice que seremos más que vencedores cuando nos hagamos más fuertes, cuando envejezcamos o cuando logremos algún nivel súper espiritual. Las Escrituras dicen que somos más que vencedores "ahora mismo".

"Bueno, Joel, eso no podría ser cierto en mi vida", te escucho decir. "Tengo tantos problemas, tantas cosas en mi contra. Tal vez cuando salga de este lío, seré más que un vencedor".

No, Dios declara que eres más que un vencedor en este momento. Si comienzas a actuar como tal, a hablar como tal, a verte como más que un vencedor, vivirás una vida abundante y victoriosa. Debes comprender que ya se ha pagado el precio para que tengas alegría, paz y felicidad. Eso es parte del paquete que Dios ha puesto a tu disposición.

No te pierdas lo mejor de Dios

Hace años, mucho antes de que los vuelos transatlánticos fueran comunes, un hombre quería viajar a los Estados Unidos desde Europa. Aquel hombre trabajó duro, ahorró hasta el último centavo y finalmente tuvo suficiente dinero para comprar un boleto a bordo de un crucero. En ese momento, cruzar el océano tomaba alrededor de dos o tres semanas. Salió y compró una maleta y la llenó de queso y galletas. Eso es todo lo que podía pagar.

Una vez a bordo, todos los demás pasajeros fueron al comedor grande, bellamente decorado, para disfrutar de una buena comida *gourmet*. Mientras tanto, el pobre se quedaba en un rincón y comía su queso y sus galletas. Esto sucedía día tras día. Podía oler la deliciosa comida que se servía en el comedor. Escuchaba a los otros pasajeros hablar de ello con entusiasmo, mientras se frotaban la barriga y se quejaban de lo llenos que estaban y de cómo tendrían que ponerse a dieta después de ese viaje. El pobre viajero quería reunirse con los demás en el comedor, pero no tenía dinero. A veces se quedaba despierto por la noche, soñando con las suntuosas comidas que describían los otros pasajeros.

Hacia el final del viaje, un hombre se le acercó y le dijo: "Señor, no puedo evitar notar que siempre está allí comiendo queso y galletas saladas a la hora de comer. ¿Por qué no viene al salón de banquetes y come con nosotros?".

El rostro del viajero enrojeció de vergüenza. "Bueno, a decir verdad, solo tenía dinero suficiente para comprar el boleto. No tengo más para comprar comidas elegantes".

El otro pasajero arqueó las cejas sorprendido. Sacudió la cabeza y dijo: "Señor, ¿no se da cuenta de que las comidas están incluidas en el precio del boleto? ¡Sus comidas ya están pagadas!".

Cuando escuché esa historia por primera vez, no pude evitar pensar en cuántas personas se parecen a ese viajero ingenuo. Se están perdiendo lo mejor de Dios porque no se dan cuenta de que las cosas buenas de la vida ya se han pagado. Puede que estén de camino al cielo, pero no saben qué está ya incluido en el precio de su boleto.

Cada momento que pasamos con esa mentalidad débil, de gusano, comemos queso y galletas. Cada vez que retrocedemos y decimos: "Bueno, no puedo hacerlo; no tengo lo que hace falta", estamos comiendo más queso y galletas. Cada vez que vamos por ahí llenos de miedo, preocupación, ansiedad o tensión, estamos comiendo queso y galletas. Amigo, no sé tú, ¡pero estoy cansado de ese menú! Es hora de acercarse a la mesa del comedor de Dios, quien ha preparado un banquete fabuloso para ti, completo, con todo lo bueno que puedas imaginar, y ha sido pagado. Dios tiene todo lo que necesitas: gozo, perdón, restauración, paz, salud; lo que sea que necesites te estará esperando en la mesa del banquete de Dios si acercas tu silla y tomas el lugar que Él ha preparado.

Es posible que hayas pasado por grandes desilusiones o que hayas enfrentado algunos reveses graves. ¡Bienvenido al mundo real! Pero debes recordar que eres un hijo del Dios Altísimo. El hecho de que algo no haya funcionado como tú querías o que alguien te haya decepcionado no cambia quién eres. Si un sueño muere, sueña otro nuevo. Si te derriban, levántate y vuelve a empezar. Cuando se cierra una puerta, Dios siempre abrirá una puerta mejor y más grande. Mantén la cabeza en alto y permanece atento a las cosas nuevas que Dios quiere hacer en tu vida, pero no te vayas al rincón a comer queso y galletas.

Es posible que hayas tenido un comienzo difícil en la vida. Quizá viviste en una pobreza horrible, y hayas sido víctima de abuso o de otras cosas negativas durante tu niñez. Puedes sentirte tentado a dejar que esas experiencias negativas marquen la pauta del resto de tu vida, pero el hecho de que tu vida haya comenzado de esa manera no significa que deba terminar así. Necesitas tener una nueva visión de lo que Dios puede hacer contigo y desarrollar una mentalidad de abundancia.

Tal vez creciste en medio de la pobreza, quizá no tengas muchas posesiones materiales en este momento. Está bien. Dios tiene cosas buenas esperándote, pero déjame advertirte: no permitas que esa imagen de escasez se arraigue en tu interior. No te acostumbres a vivir con menos, a hacer menos y a ser menos al punto de conformarte y aceptarlo: "Siempre hemos sido pobres. Así es como tiene que ser".

No. Empieza a mirar con ojos de fe, viéndote ascender a nuevos niveles. Considérate en prosperidad constante y mantén esa imagen en tu corazón y en tu mente. Puede que estés viviendo pobreza en este momento, pero nunca dejes que la pobreza viva en ti.

La Biblia dice que "Dios se complace en hacer prosperar a sus hijos". La prosperidad espiritual, física y material de sus hijos agrada a Dios. Cuando vivimos con una mentalidad de pobreza, no estamos glorificando a Dios. No honramos su gran nombre. Él no se complace cuando nos arrastramos por la vida, derrotados, deprimidos, perpetuamente desanimados por nuestras circunstancias. No. Dios se complace cuando desarrollamos una mentalidad de abundancia.

Con demasiada frecuencia nos sentimos satisfechos y complacidos, aceptando todo lo que se nos presente. "He llegado tan lejos como puedo. Nunca obtendré otro ascenso. Esta es mi suerte".

¡Eso no es cierto! Tu suerte es crecer continuamente. Tu destino en la vida es ser un vencedor, vivir prósperamente en todas las áreas. Deja de comer queso y galletas, y entra al salón de banquetes. Dios te creó para grandes cosas.

¡Qué tragedia sería pasar por la vida como un hijo del Rey a los ojos de Dios, pero como un mendigo a nuestros propios ojos! Eso es precisamente lo que le sucedió a un joven en el Antiguo Testamento llamado Mefiboset (¡no sé por qué no pudieron llamarlo Bob!).

No te conformes con la mediocridad

Mefiboset era nieto del rey Saúl e hijo de Jonatán. Tal vez recuerdes que el hijo de Saúl, Jonatán, era el mejor amigo de David. Realmente tenían una relación de pacto, similar al antiguo pacto de ser "hermanos de sangre". Eso significa que lo que uno tenía también le pertenecía al otro. Si Jonatán necesitaba comida, ropa o dinero, podía ir a la casa de David y tomar lo que necesitara. Además, la relación de pacto implicaba que si algo le llegaba a suceder a uno de los dos, el "hermano" estaba obligado a cuidar de la familia del otro.

El rey Saúl y Jonatán murieron en batalla el mismo día, y cuando llegó la noticia al palacio, un sirviente agarró a Mefiboset, el hijo pequeño de Jonatán, lo cargó y salió corriendo. Al salir de Jerusalén con tanta prisa, el criado tropezó y cayó mientras cargaba al niño. Mefiboset quedó lisiado como resultado de la caída. El sirviente llevó al hijo de Jonatán hasta Lodebar, una de las ciudades más desoladas y afectadas por la pobreza en toda la región. Ahí es donde Mefiboset, nieto del rey, creció. Piénsalo. Era nieto del rey, pero vivía en esas terribles condiciones.

David fue el sucesor de Saúl y, muchos años más tarde, cuando Saúl y Jonatán ya eran recuerdos lejanos en la mente del pueblo, David le preguntó a su personal: "¿Queda alguien de la casa de Saúl a quien pueda ayudar, en nombre de Jonatán?". Recuerda, eso era parte del pacto que habían hecho él y Jonatán: "Si algo me pasa, tú cuidarás de mi familia". Pero a esas alturas, la mayor parte de la familia de Saúl estaba muerta. Por eso, David preguntó.

Uno de los miembros de su personal respondió: "Sí, David. Jonatán tiene un hijo que todavía está vivo, pero está lisiado. Vive en Lodebar".

David dijo: "Ve a buscarlo y tráelo al palacio".

Cuando llegó Mefiboset, sin duda tenía miedo. Después de todo, su abuelo había perseguido a David por todo el país tratando de matarlo. Una vez que la familia de Saúl había sido diezmada y ya no era una amenaza para el rey, Mefiboset podía haber sentido que David planeaba ejecutarlo.

Pero David le dijo: "No tengas miedo. Voy a mostrarte amabilidad en nombre de tu padre, Jonatán. Te voy a devolver toda la tierra que una vez perteneció a tu abuelo Saúl. Y desde hoy en adelante, comerás en mi mesa como si fueras uno de mis hijos". David trató a Mefiboset como realeza. Después de todo, era nieto del rey, hijo del mejor amigo de David, con quien había hecho un pacto.

La vida de Mefiboset se transformó instantá-
neamente (esa es la buena noticia), pero piensa en
todos los años que vivió en esa sucia ciudad de
Lodebar. Todo ese tiempo, Mefiboset sabía que
era de la realeza. Incluso todo el mundo sabía que
David y Jonatán tenían una relación de pacto.
Solo por eso, Mefiboset sabía que tenía derechos.
Es difícil entender cómo no entró en el palacio y
dijo: "Rey David, soy el hijo de Jonatán. Vivo en
la pobreza en Lodebar y sé que estoy hecho para
más que eso. Estoy aquí para reclamar lo que me
pertenece a través de la relación de pacto de mi
padre contigo".

¿Por qué Mefiboset se conformó con la mediocridad? Su respuesta inicial a David nos da una
pista. Cuando David le dijo que iba a cuidar de él,
la Biblia dice: "Mefiboset volvió a inclinarse ante
el rey, y le dijo: '¿Pero quién soy yo? ¡Este siervo
tuyo no es más que un perro muerto!'" (2 Samuel
9:8, RVC). ¿Ves la imagen que tenía de sí mismo?
Se veía derrotado, como un perdedor, como un
perro muerto. Se veía a sí mismo como un mar-
ginado. Sí, era nieto del rey, pero la imagen que
tenía de sí mismo le impedía recibir los privilegios
que le correspondían por derecho.

¿Cuántas veces hacemos lo mismo? Nuestra
propia imagen es tan contraria a la forma en que

Dios nos ve, que nos perdemos lo mejor de Él y de su bendición. Dios nos ve como campeones. Y nosotros nos vemos como perros muertos.

Así como Mefiboset tuvo que deshacerse de esa "mentalidad de perro muerto" y reemplazarla por una mentalidad abundante, tú y yo también debemos hacerlo. Es posible que hayas cometido algunos errores en la vida, pero si te has arrepentido honestamente y has hecho todo lo posible para hacer las cosas bien desde entonces, ya no tendrás que vivir con culpa y vergüenza. Puede que no seas todo lo que quieres ser. Podrías estar lisiado física, espiritual o emocionalmente, pero eso no cambia el pacto que Dios tiene contigo. Todavía eres un hijo del Dios Altísimo. Él todavía tiene grandes cosas reservadas para ti. Debes ser valiente y reclamar lo que te pertenece. A Dios no le agrada verte viviendo en tu "Lodebar" personal, en la pobreza, con baja autoestima, con mentalidad de perro muerto.

¿Cómo te sentirías si tus hijos tuvieran ese tipo de actitud hacia ti? Imagina que es la hora de cenar y has trabajado diligentemente para preparar una comida deliciosa que dispones sobre la mesa. Todo está ya listo. Entonces, uno de tus hijos entra cabizbajo y se niega a sentarse a la mesa con la familia. Se arrastra por el suelo, esperando a que caigan algunas sobras, algunas migajas. Dirías: "Hijo, hija, ¿qué diablos estás haciendo? Sube aquí y toma tu lugar. Te he preparado todo esto. Eres parte de la familia. Me insultas cuando actúas como un perro, pidiendo sobras".

Dios está diciéndote algo similar: "Eres parte de la familia. Deja el queso y las galletas. Levántate y recibe lo que por derecho te pertenece".

Hace muchos años, teníamos dos grandes sillones en nuestro dormitorio en casa. Los sillones eran deliciosamente cómodos y, en ciertas ocasiones, cuando quería ver un juego de béisbol, leer o simplemente estar solo para orar o pensar, iba al dormitorio, cerraba la puerta y me hundía en uno. Era un lugar genial para relajarse.

Un día, llegué a casa y no pude encontrar a Jonathan, nuestro pequeño, por ningún lado. Tenía unos cuatro años en ese momento, y me preocupé. Busqué en todos los lugares habituales: no estaba en su dormitorio, en el cuarto de juegos ni en la cocina. Incluso salí y eché un vistazo alrededor del garaje, pero nada. Finalmente fui a mi habitación y vi la puerta cerrada. Cuando la abrí, el pequeño Jonathan estaba tumbado en mi sillón favorito. Tenía las piernas levantadas sobre los reclinables y estaba recostado cómodamente, con un recipiente lleno de palomitas de maíz en una mano y el control remoto del televisor en la otra. Sonreí aliviado por haberlo encontrado.

Jonathan me miró y dijo: "Papá, esto es vida".

Traté de no reírme, pero el comentario de Jonathan me hizo sentir bien como padre. Me alegré de que se sintiera lo suficientemente seguro como para ir directamente a mi habitación y sentarse en mi sillón favorito. Me alegré de que supiera que era parte de la familia y que todo lo que yo tenía era también suyo.

¿Quieres hacer feliz a tu Padre celestial? Comienza a acercarte a la mesa de la cena. Empieza a disfrutar de sus bendiciones. Deja el queso y las galletas y entra en el salón de banquetes. Ya no tienes que vivir en la culpa y la condena; no tienes que pasar por la vida preocupado y lleno de miedo. Se ha pagado el precio. Tu libertad está incluida en tu boleto, solo hace falta que te levantes y tomes tu lugar. Súbete a tu "silla de papá" y desarrolla una mentalidad abundante, visualizándote como parte de la realeza a la que perteneces, conforme al propósito de Dios.

Capítulo 3

Eleva tus expectativas

Nuestras expectativas marcan los límites de nuestra vida. Si esperas poco, recibirás poco. Si no piensas anticipadamente que las cosas mejorarán, entonces no lo harán. Pero si esperas más favores, mejores oportunidades, un ascenso y un aumento, verás nuevos niveles de favor y abundancia.

Todas las mañanas, cuando te despiertes, debes declarar: "Hoy me sucederá algo bueno". Tienes que marcar la pauta al comienzo de cada día. Y luego, durante todo el día, debes mantener esta actitud expectante.

Como un niño pequeño que espera abrir un regalo, debes estar atento, pensando: "No puedo esperar a ver qué va a pasar", no pasiva, sino activamente expectante.

Demasiadas personas se arrastran pensando: "Nunca me pasa nada bueno". Tú, en cambio, comienza a buscar buenas oportunidades. Espera estar en el lugar correcto en el momento correcto.

Espera que tus sueños se hagan realidad. Espera ser un ganador.

No entres a un lugar anticipando que la gente te verá como antipático. No vayas a la tienda creyendo que no encontrarás lo que necesitas. No te entrevistes para un trabajo asumiendo que no lo obtendrás. Tu expectativa es tu fe en acción. Cuando esperas tener buenos momentos, agradar a la gente o tener un gran año, estás liberando tu fe. Esa actitud permite que sucedan cosas buenas.

Pero tus expectativas funcionan en ambas direcciones. Si te levantas por la mañana y esperas que sea un día pésimo, si no esperas oportunidades y anticipas que la gente será hostil, atraerás eso. Tu fe está funcionando. El problema es que la estás utilizando en la dirección equivocada.

Sube el nivel de tus expectativas

Un joven me dijo que le preocupaba pasar los exámenes finales. Había estudiado y se había preparado, pero estaba muy preocupado porque cada vez que tomaba un examen importante, se estresaba y no recordaba lo que había estudiado. Siempre terminaba con malos resultados.

"Joel, ¿podrías orar por mí? Porque sé que volverá a suceder", dijo.

Ya estaba esperando fallar. Compartí con él este principio y le dije que estaba esperando las cosas equivocadas. Le dije: "Debes cambiar tus expectativas". Durante el día, repítete: "Voy a hacerlo muy bien en esta prueba. Voy a recordar todo lo que he estudiado. Voy a estar tranquilo y en paz".

Regresó unas semanas más tarde y me dijo que había sido el mejor de todos sus exámenes.

Déjame preguntarte: ¿qué esperas? ¿Grandes cosas, pequeñas cosas o nada en absoluto? Es fácil anticipar lo peor. Pero si decides aceptar la fe y esperas lo mejor —sobresalir, lograr tus sueños—, entonces recibirás bendiciones, gracia y favor.

Algunas personas han tenido una mentalidad negativa por tanto tiempo que ya no lo notan. Para ellos es natural. Asumen lo peor y normalmente lo consiguen. Esperan que la gente sea hostil, y la gente suele serlo.

Conozco a una mujer que ha pasado por muchas experiencias negativas en su vida y era como si estuviera en piloto automático. Esperaba que la gente la lastimara y, por lo general, lo hacían. Esperaba que la gente fuera deshonesta y, por lo general, lo eran. Esperaba que la despidieran de su trabajo y, finalmente, sucedió.

Sus expectativas estaban atrayendo todo lo negativo. Un día aprendió este principio y empezó a esperar otro tipo de cosas. Esperó lo mejor en lugar de lo peor. Esperó tener buenas oportunidades. Esperó agradarle a la gente. Hoy ha cambiado totalmente y está disfrutando de una vida abundante.

Es posible que hayas tenido decepciones y que hayas sido víctima de situaciones injustas, pero no cometas el error de vivir en un estado de ánimo negativo. En lugar de esperar más de lo mismo, comienza a esperar un cambio. No creas que apenas te las arreglarás, más bien ten por seguro que vas a sobresalir. No esperes ser derrotado. Espera ser el vencedor.

Puede que no siempre te apetezca, pero cuando te levantas cada día necesitas recordar que eres más que un vencedor. Tus mayores victorias aún están frente a ti. Las personas adecuadas, las oportunidades adecuadas ya están en tu futuro.

Ahora sal y emociónate por el día que estás viviendo, entusiasmado por que las cosas cambien a tu favor. Tu actitud debería ser: "Estoy esperando buenas oportunidades, conocer a las personas adecuadas, ver un aumento en los negocios, que mi hijo vuelva al camino correcto, y que mi salud mejore. Espero estar en el lugar correcto en el momento correcto".

No permitas que expectativas negativas limiten tu vida

Un joven me dijo: "No quiero esperar demasiado de la vida porque si nada sucede, no me iré a la cama decepcionado".

Esa no es forma de vivir. Si no esperas un aumento, un ascenso o buenas oportunidades, no estás liberando tu fe. La fe es lo que hace que Dios actúe. Si esperas una oportunidad y no llega, no te vayas a la cama decepcionado. Vete a la cama sabiendo que estás un día más cerca de ver llegar esa oportunidad. Levántate a la mañana siguiente y hazlo de nuevo.

Los ganadores desarrollan esta innegable cualidad de esperar cosas buenas. No puedes estar en neutro y esperar que así alcanzarás tu máximo potencial, o que obtendrás lo mejor de Dios. No es suficiente no esperar nada malo: debes esperar agresivamente cosas buenas. ¿Estás esperando que tus sueños se hagan realidad? ¿Esperas que este año sea mejor que el año pasado? ¿Estás esperando vivir una vida larga, saludable y abundante? Presta atención a lo que esperas. Quizá tengas ganas de casarte. No andes pensando: "Nunca conoceré a la persona indicada. Ha pasado mucho tiempo y estoy envejeciendo".

En cambio, espera estar en el lugar correcto en el momento correcto.

Cree que las conexiones divinas se cruzarán en tu camino. Cree que la persona adecuada se sentirá atraída por ti.

"¿Qué pasa si hago eso y no pasa nada?".

¿Y si lo haces y pasa algo? Puedo decirte que no pasará nada si no crees.

David dijo en los Salmos: "Ciertamente, el bien y la misericordia me seguirán todos los días de mi vida" (Salmos 23:6, RVR1960). En el pasado, es posible que hayas tenido decepciones y reveses, pero debes dejar de lado lo que no funcionó. Deja ir cada error y cada fracaso.

Espera que la bondad y la misericordia te sigan a donde quiera que vayas. A veces es bueno mirar atrás y decir simplemente: "¡Hey, Bondad! ¡Hey, Misericordia! ¿Cómo va todo por allá detrás de mí?".

Algunas personas no se dan cuenta de que siempre están buscando el próximo desastre, el próximo fracaso o el próximo mal momento. Cambia lo que buscas. Empieza a buscar bondad, misericordia, favor, aumento y promoción. Eso es lo que debería estar siguiéndote.

Una definición de esperanza es "feliz anticipación de algo bueno". Si estás anticipándote a lo bueno que viene, sentirás gozo y entusiasmo. Cuando esperas que tus sueños se hagan realidad, saldrás todos los días con un resorte en tus pasos. Pero si no estás anticipando nada bueno, te arrastrarás por la vida sin pasión.

No digo esto con arrogancia, pero espero agradarle a la gente. Quizás soy ingenuo, pero si lo soy, hazme un favor y déjame en mi ignorancia. Cuando voy a algún lado, no tengo todas estas paredes levantadas. No estoy a la defensiva, inseguro, intimidado, ni pienso "No les voy a agradar. Probablemente estén hablando mal de mí en este momento".

Espero que la gente sea amigable. Creo que cuando la gente sintoniza mi programa de televisión, no lo apaga o cambia de canal. Pienso que cuando las personas ven mi libro en la tienda, se sienten atraídas y lo adquieren.

Me refiero a tener una actitud de expectativa por cosas buenas. Necesitas sacar tu "expectativador", ese que quizá no has usado por años. Comienza a tener expectativas por grandes logros.

Hay nuevas montañas que escalar y nuevos horizontes que explorar. Ten la expectativa de subir más alto, de superar todos los obstáculos. Retoma la expectativa de ver puertas que se abren. Ten la expectativa de favor en el trabajo, favor

en casa, favor en el supermercado y favor en tus
relaciones.

RECUERDA LO BUENO

Cuando has pasado por heridas, decepciones y
fracasos, debes vigilar tu mente. Ten cuidado con
lo que permites que se quede en tus pensamientos
durante el día. Tu memoria es muy poderosa.

Puedes estar conduciendo tu automóvil y recordar un momento tierno con tu hijo. Puede haber sucedido hace cinco años: un abrazo, un beso
o algo gracioso que hicieron juntos. Pero cuando
recuerdas el momento, una sonrisa aparece en tu
rostro. Sentirás las mismas emociones, la misma
calidez y alegría, como si estuviera sucediendo de
nuevo.

Por otro lado, podrías estar disfrutando del
día, todo está bien, pero luego empiezas a recordar algún evento triste en el que no te trataron
bien o cuando sucedió algo injusto. En poco tiempo estarás triste, desanimado y sin pasión.

¿Qué te puso triste? Traer a tu mente los recuerdos equivocados. ¿Qué te hizo feliz? Revivir
los recuerdos correctos. Varias investigaciones
han confirmado que la mente gravita naturalmen-
te hacia lo negativo. Un estudio descubrió que los

recuerdos positivos y negativos son manejados por diferentes partes del cerebro. Un recuerdo negativo ocupa más espacio, porque hay más que procesar. Como resultado, recuerdas los eventos negativos más que los positivos.

El estudio reveló que una persona recordará haber perdido cincuenta dólares más de lo que recordará haber ganado los mismos cincuenta. El efecto negativo tiene mayor impacto y más peso que el positivo.

Yo mismo he experimentado esto. Al terminar una prédica, cien personas podrían acercarse a decirme: "Joel, estuviste genial. Realmente aprendí algo hoy", pero es más probable que recuerde a una sola que me diga: "No lo entendí. Eso no me ayudó en nada".

En los viejos tiempos, el comentario negativo era en lo que me enfocaba. Lo recreaba una y otra vez en mi mente. Esa es la naturaleza humana. Así es como se almacenan los recuerdos negativos en nuestro cerebro. Lo malo ocupa más espacio que lo bueno.

Sintonízate con los buenos recuerdos

Sabiendo esto, debes ser proactivo. Cuando los recuerdos negativos vuelven a la pantalla de cine de la mente, muchas personas acercan una silla, hacen palomitas de maíz y lo ven todo de nuevo. Dicen: "No puedo creer que me lastimaron de esa manera; eso fue horrible".

En su lugar, recuerda esto: esa no es la única película que están pasando. Hay otro canal que no reproduce tus derrotas, tus fracasos o tus decepciones. Ese canal está siempre transmitiendo tus victorias, tus logros y las cosas que has hecho bien.

El canal de los buenos recuerdos reproduce las ocasiones en las que te ascendieron, cuando conociste a la persona adecuada, compraste una hermosa casa y tus hijos estaban sanos y felices.

En lugar de permanecer viendo ese canal negativo, cambia a tu canal de victoria. No avanzarás hacia días mejores si siempre estás repitiendo las cosas negativas que te han sucedido.

Todos hemos pasado por pérdidas, decepciones y malos momentos. Y esos recuerdos vendrán a la mente con mayor frecuencia. La buena noticia es que tienes el control remoto para cambiar de canal. El hecho de que surja el recuerdo no significa que tengas que pensar en él. Aprende a sintonizar con más frecuencia el canal de tus vivencias positivas.

Un par de años después de la muerte de mi padre, pasé por la casa de mi madre para recoger algo. No había nadie en ese momento. Mientras caminaba por el estudio, comencé a recordar la noche en que él murió. Tuvo un infarto en esa misma habitación, donde lo vi tirado en el suelo.

Para cuando llegué allí el día que murió, los paramédicos estaban tratando de reanimar su corazón. Reviví toda esa noche en mi mente y pude sentir las mismas emociones.

Luego hice lo que te pido que hagas. Dije: "No, gracias; no iré allí. No regresaré a esa noche. No voy a sentir esas mismas emociones tristes y deprimentes".

Elegí cambiar de canal. Empecé a recordar todos los buenos momentos que pasamos juntos: cuando nos reímos y nos divertimos, cuando viajamos por el mundo. Me concentré en la vez que bajamos por el río Amazonas y en las veces que él jugaba con nuestro hijo, Jonathan.

En mi mente había otro canal. Solo tenía que sintonizarlo. ¿Necesitas empezar a cambiar de canal? ¿Estás reviviendo cada dolor, decepción y mala ruptura? Mientras estés repitiendo lo negativo, nunca sanarás por completo. Es como una costra que está empezando a mejorar, pero solo empeorará si la tocas.

Las heridas emocionales son iguales. Si siempre estás reviviendo tus heridas y viéndolas en la pantalla de cine de tu mente, hablando de ellas y contándoselas a tus amigos, solo lograrás reabrirlas.

Tienes que cambiar de canal. Cuando miras hacia atrás en tu vida, ¿puedes encontrar algo bueno que haya sucedido? ¿Puedes recordar una vez en la que hayas sentido la mano de Dios promoviéndote, protegiéndote, sanándote? Sintoniza ese canal. Enfoca tu mente hacia una nueva dirección.

Un periodista me preguntó, no hace mucho, cuál ha sido mi mayor fracaso, mi mayor pesar. No pretendo parecer arrogante, pero no recuerdo cuál fue mi mayor fracaso. No me detengo en eso. No estoy viendo ese canal.

Todos cometemos errores. Todos hemos hecho cosas que desearíamos haber hecho de manera diferente. Puedes aprender de tus errores, pero se supone que no debes tenerlos constantemente en tu mente. Se supone que debes recordar las cosas que hiciste bien, las veces que lograste lo que te propusiste. Las veces que venciste la tentación. Las veces que fuiste amable con los extraños.

Algunas personas no están contentas porque recuerdan todos los errores que han cometido desde 1927. Tienen una lista actualizada. Hazte un gran favor y cambia de canal. Deja de pensar que no estás a la altura y que deberías haber sido más disciplinado, que deberías haberte quedado en la escuela o que deberías haber pasado más tiempo con tus hijos.

Es posible que te hayas caído, pero concéntrate en el hecho de que volviste a levantarte. Estás aquí hoy. Puede que hayas tomado una mala decisión, pero piensa en tus buenas decisiones. Es posible que tengas algunas debilidades, pero recuerda tus fortalezas. Deja de concentrarte en lo que está mal y comienza a enfocarte en lo que está bien en ti. Nunca desarrollarás todo tu potencial para convertirte en la persona exitosa que Dios creó si estás en tu contra, si no te ayudas. Debes reprogramar tu mente. Sé disciplinado con lo que piensas.

Cierta vez, jugaba baloncesto con nuestro hijo, Jonathan. Hemos jugado uno a uno durante años y por primera vez me ganó, en forma justa, 15-14. Chocamos los cinco. ¡Luego le dije que estaba bien posicionado, con los pies bien puestos sobre la tierra!

Durante el juego, en un momento, Jonathan dribló a mi alrededor y se levantó para disparar. Salí de la nada, calculé correctamente, y bloqueé su disparo. Le di un manotazo a la pelota y salió volando hacia los arbustos.

Me sentí como una estrella de la NBA. Un par de días después, fuimos al gimnasio a jugar con unos amigos. Jonathan dijo: "Papá, cuéntales a todos lo que sucedió la otra noche".

Dije: "Oh, sí; Jonathan lanzó al aro, y me suspendí en el aire y lo bloqueé. ¡Fue increíble!".

Él dijo: "No, papá. ¡Me refería a que te vencí por primera vez!".

Lo gracioso es que no recordaba mi derrota, sino mi victoria. Lo primero que me vino a la mente no fue que perdí el juego contra él, sino el hecho de que hice algo bueno. Es porque he entrenado mi mente para recordar las cosas correctas.

Para muchas personas es todo lo contrario. Ganaron el juego, pero recuerdan todos los errores que cometieron. Nunca se sienten bien consigo mismos. Siempre están enfocados en algo que no hicieron lo suficientemente bien.

Todo depende de cómo entrenes tu mente. Depende del canal que estés viendo. No cometas el error de recordar lo que debes olvidar, ya sean tus heridas, tus decepciones o tus fracasos. No olvides lo que debes recordar: tus victorias, tus éxitos y los tiempos difíciles que superaste.

Colecciona lo positivo de tu pasado

En el Antiguo Testamento, Dios ordenó a su pueblo que tuviera ciertas fiestas y celebraciones. Una de las principales razones era para que recordaran lo que Él había hecho por ellos. Varias veces al año dejaban de hacer lo que estaban haciendo para que todos pudieran participar. Celebrarían cómo Dios los había sacado de la esclavitud, cómo Dios derrotó a sus enemigos y cómo los protegió. Se les pidió que recordaran.

En otro lugar habla de cómo depositaron lo que llamaron "piedras conmemorativas". Eran piedras grandes. Hoy los llamaríamos hitos históricos. Las piedras les recordaban victorias específicas. Cada vez que pasaban por ciertas piedras recordaban un evento. "Esta piedra nos recuerda cuando salimos de la esclavitud. Esta piedra, cuando nuestro hijo fue sanado. Esta piedra, la forma en que Dios proveyó para cubrir nuestras necesidades". Tener estas piedras conmemorativas les ayudó a mantener frescos los prodigios de Dios en sus recuerdos.

De la misma forma, debes tener tus propias piedras conmemorativas. Cuando mires hacia atrás en tu vida, no debes recordar cuando fracasaste, pasaste por un divorcio, tu negocio se fue a pique, perdiste a un ser querido o cuando el jefe te maltrató. Eso es recordar lo que se supone que debes olvidar.

Debes cambiar y sintonizar el otro canal. Recuerda cuando conociste al amor de tu vida, cuando nació tu hijo, cuando obtuviste esa nueva posición, cuando el problema cambió de repente, recuerda la paz que sentiste cuando te consolaron frente a la pérdida de un ser querido.

Recuerda la fuerza que tuviste en ese momento difícil que parecía tan oscuro. No pensaste que volverías a ver otro día feliz, pero Dios le dio la vuelta a la situación y convirtió tu duelo en alegría, transformó tus cenizas en belleza, y hoy estás lleno de gozo, saludable y fuerte. Todos deberíamos tener nuestras propias piedras conmemorativas.

Mi madre celebró recientemente el trigésimo séptimo aniversario de su victoria sobre el cáncer. Hace treinta y siete años los médicos le dieron unas semanas de vida, pero todavía está sana y completa. Esa es una piedra conmemorativa.

Otra de esas, para mí, es el 1 de diciembre de 2003, cuando el alcalde Lee Brown nos entregó la llave de nuestra nueva iglesia en Houston. Esas instalaciones son una piedra conmemorativa. También recuerdo cuando entré en una joyería y

conocí a Victoria. Dios respondió sus oraciones...
¡Quise decir mis oraciones!

Puse otra piedra conmemorativa para recordar
que cuando mi padre murió y yo no sabía cómo
ser ministro, Dios me dio la gracia de dar un paso
adelante y pastorear la iglesia.

Eso es lo que recuerdo constantemente: cosas
buenas. Mi pregunta para ti es: ¿tienes alguna
piedra conmemorativa? Lo que recuerdes tendrá
un gran impacto en tu estilo de vida. Si estás recordando tus fracasos, tus decepciones y tus heridas, te quedarás atrapado en la rutina.

Si tan solo pruebas cambiar lo que estás recordando, si comienzas a enfocarte en tus éxitos, tus
victorias y las veces en las que te has superado,
entrarás en nuevos niveles de favor. Puedes estar
pasando por tiempos difíciles, enfrentando desa-
fíos, pero cuando recuerdes las cosas correctas,
no estarás diciendo: "Este problema es demasiado grande. Esta enfermedad va a ser mi fin". Al
contrario, dirás: "Dios, lo hiciste por mí una vez,
y sé que puedes hacerlo por mí de nuevo".

Esto es lo que hizo David cuando estaba a
punto de enfrentarse a Goliat, un gigante del doble de su tamaño. Podría haberse concentrado en
lo grande que era ese adversario y en que Goliat
tenía más experiencia, más entrenamiento y más

armas. Todo lo que habría logrado hubiera sido desanimarse.

Las Escrituras dicen que David se acordó de que había matado un león y un oso con sus propias manos. ¿Qué estaba haciendo? Recordando sus victorias. David pudo recordar que sus hermanos lo trataron mal y que su padre le faltó el respeto. Hubo cosas negativas en su pasado, al igual que en el de todos nosotros, pero David entendió este principio: pensar en las derrotas, los fracasos y las situaciones injustas te mantendrá estancado.

Eligió insistir en sus victorias, superó ese desafío y se convirtió en quien Dios tenía planeado que fuera cuando lo creó. Puedes sentir que te estás enfrentando a un gigante, pero te mantendrás animado y obtendrás la fe para vencer al seguir el ejemplo de David.

En lugar de pensar en lo que parece imposible y en lo que nunca lograrás, recuerda tus victorias durante todo el día. Saca tus piedras conmemorativas. "Señor, gracias por ese momento en el que todas las probabilidades estaban en mi contra, pero Tú lo cambiaste a mi favor. Dios, recuerdo cuando me promoviste, me reivindicaste y corregiste mis errores".

Enumera, cuenta tus victorias. Recordar las cosas buenas te hará fuerte.

REVIVE EL GOZO

En 2007, una joven llamada Rachel Smith ganó el concurso de belleza Miss Estados Unidos de América. Es una chica muy inteligente que ha viajado por el mundo ayudando a niños desfavorecidos. Más tarde ese año, compitió en el certamen de Miss Universo. Mientras caminaba hacia el escenario durante la competencia en vestido de noche, perdió el equilibrio sobre el piso resbaloso y cayó de espaldas. Millones de personas en todo el mundo vieron el incidente por televisión. ¡Ella estaba tan avergonzada! Se levantó lo más rápido que pudo y mantuvo una sonrisa en su rostro. La audiencia no fue muy indulgente. Hubo burlas, risas y abucheos. Fue muy humillante.

A pesar de esa caída, Rachel llegó a estar entre las cinco finalistas. Tenía que subir y responder una pregunta al azar que ella sacaba de un sombrero. Salió de nuevo al mismo lugar donde se había caído minutos antes. Sacó una pregunta del sombrero con millones de personas mirando. La pregunta era: "Si pudieras revivir y rehacer cualquier momento de tu vida, ¿qué momento sería?".

Ella acababa de experimentar el momento más embarazoso de su vida veinte minutos antes. ¿Cuántos de nosotros hubiéramos dicho: "Me gustaría retroceder el tiempo para evitar mi caída de hace un momento en este escenario"?

Pero, sin titubear, dijo: "Si pudiera vivir algo de nuevo, sería mi viaje a África, trabajando con los huérfanos, viendo sus hermosas sonrisas, sintiendo sus cálidos abrazos".

En lugar de revivir un momento de vergüenza, un momento de dolor, Rachel eligió reproducir un momento de alegría, en el que estaba haciendo la diferencia, en el que estaba orgullosa de sí misma. Todos caemos en nuestra vida. Todos cometemos errores. Todos tenemos momentos vergonzosos e injustos.

Puedes estar seguro de que esas imágenes se reproducirán una y otra vez en la pantalla de cine de tu mente. Tienes que hacer lo que hizo Rachel Smith: cambiar el canal y mostrar tus victorias, mostrar tus éxitos, mostrar tus logros.

Dios hizo milagro tras milagro para los israelitas. Sobrenaturalmente, los sacó de la esclavitud. Envió plagas sobre sus enemigos. Aunque los israelitas vivían justo al lado, las plagas no los afectaron. Cuando llegaron a un callejón sin salida en el Mar Rojo, con el Faraón y su ejército persiguiéndolos, podrían haber pensado que todo terminaba allí, pero las aguas se abrieron para darles paso.

Atravesaron el mar por tierra seca. Dios les dio agua de una roca, y los guio con una nube durante el día y con una columna de fuego durante la noche. A pesar de todo eso, nunca llegaron a la Tierra Prometida. El Salmo 78 dice por qué: "Se olvidaron de lo que [Dios] había hecho, de las grandes maravillas que les había mostrado, de los milagros que hizo para sus antepasados" (Salmo 78:11-12, NTV).

Olvidar lo que deberías recordar puede mantenerte fuera de tu Tierra Prometida. Los israelitas se desanimaron, empezaron a quejarse y le preguntaron a Moisés: "¿Por qué nos trajiste aquí a morir en el desierto?" (Éxodo 14:11, NTV).

Cuando se enfrentaban a un enemigo, pensaban: "No tenemos ninguna oportunidad". Ya habían visto la bondad de Dios de maneras asombrosas, lo habían visto hacer lo imposible, pero como lo olvidaron, tuvieron miedo, se preocuparon y fueron negativos. Y eso los mantuvo alejados de su destino.

DIOS PUEDE HACERLO DE NUEVO

¿Olvidas lo que Dios ha hecho por ti? ¿Has permitido que lo que alguna vez fue un milagro se convirtiera en algo común? Quizá ya no te emocionas y no le das gracias a Dios por eso. Mira hacia atrás en tu vida y recuerda que Dios te trajo adonde estás, que te ha dado las cosas grandes y las pequeñas. Entonces sabrás que si Dios lo hizo por ti una vez, puede volver a hacerlo.

Es posible que te desanimes y pienses "No veo cómo saldré de este problema" o "Nunca pagaré mis deudas" o "Nunca sanaré". Pero cuando eso suceda, recuerda los muchos mares rojos que Dios ha separado para abrirte camino. Recuerda los enemigos de los que te ha librado. Recuerda las batallas que peleó y la restauración, la reivindicación y el favor que te mostró.

Todos podemos mirar atrás y ver la mano de Dios en nuestra vida. Dios ha abierto puertas que nunca debieron abrirse para ti, tal como lo hizo con los israelitas. Él te ha ayudado a lograr cosas que nunca podrías haber logrado por tu cuenta. Te ha sacado de dificultades de las que pensabas nunca sobrevivir. Él te ha protegido y promovido, y te ha dado oportunidades.

La clave para mantenerse animado, ver a Dios abrir nuevas puertas y revertir situaciones negativas, es no olvidar jamás lo que ha hecho. De hecho, las Escrituras dicen que debemos decírselo a nuestros hijos y nietos. Deberíamos contarles historias de la bondad de Dios a nuestros hijos.

En el Antiguo Testamento, leemos sobre los cayados que la gente llevaba consigo. No eran solo bastones o algo para mantener alejados a los animales salvajes. Eran más importantes que eso.

En aquellos días, la gente era nómada. Siempre estaba en movimiento. No llevaba registros con papeles y archivos de computadora como ahora. En cambio, grababa registros de eventos importantes y fechas en sus bastones.

Esa era su forma de mantener registros personales. Grabarían anotaciones como: "En esta fecha derrotamos a los amalecitas. En esta fecha nació mi hijo. En esta fecha Dios nos sacó de la esclavitud. En esta fecha Dios nos dio agua de la roca".

Sus bastones eran un registro de su historia con Dios. Cuando Moisés dividió el Mar Rojo, ¿qué hizo? Levantó su bastón. Decía: "Dios, te damos gracias por todo lo que has hecho en el pasado. Recordamos que nos has salvado una y otra vez".

Moisés estaba recordando las grandes cosas que Dios había hecho. Cuando David salió para enfrentar a Goliat, no se limitó a tomar su honda. Las Escrituras dicen que tomó su bastón. En ese bastón, sin duda, había grabado: "En esta fecha maté a un león con mis propias manos. En esta fecha maté a un oso. En esta fecha Samuel me ungió como rey".

David tomó su bastón para recordarle que Dios lo había ayudado en el pasado. Imagino que justo antes de salir a pelear, corrió y lo leyó una vez más. Eso le dio el impulso final. Su actitud fue: "Dios, lo hiciste por mí en ese momento, sé que puedes hacerlo ahora".

¿Te enfrentas a gigantes hoy? ¿Tu problema parece demasiado grande? ¿Tus sueños parecen imposibles? Necesitas sacar tu cayado, tu bastón. En lugar de andar desanimado, pensando que nada funcionará, comienza a vivir tus victorias. Recuerda cómo mataste al león y al oso de tu propia vida. Empieza a recordar lo lejos que te ha llevado Dios.

Enumera todas las veces que Él abrió puertas, te dio ascensos, sanó a los miembros de tu familia y te puso en los lugares correctos con las personas adecuadas. No olvides tus victorias. Revisa periódicamente tus piedras conmemorativas y lee las victorias grabadas en tu bastón.

Los recuerdos negativos nos llegan a todos: las cosas que no funcionaron, nuestras heridas, nuestros fracasos y decepciones. Pero muchas personas se quedan, por error, en ese canal y terminan atrapadas en una rutina negativa, sin esperar nada bueno de la vida. Recuerda que ese no es el único canal: toma tu control remoto y cambia al canal de la abundancia.

Espera avances. Espera que los problemas cambien. Espera subir a nuevos niveles. Aún no has visto tus mayores victorias. Aún no has cumplido tus mayores sueños. Hay nuevas montañas que escalar, nuevos horizontes que explorar.

No permitas que las decepciones te roben la pasión. No dejes que la forma en que alguien te trató te amargue la vida. Dios todavía tiene el control. Puede que en el pasado no haya sucedido lo que esperas, pero es posible que suceda en el futuro.

Dibuja una línea en la arena y di: "Eso es todo. He terminado con las bajas expectativas. No me conformaré con la mediocridad. Espero favor, aumento y promoción. Espero que las bendiciones me persigan. Espero que este sea mi mejor año hasta ahora".

Si aumentas tu nivel de expectativa, Dios te llevará a lugares que nunca habías soñado. Abrirá puertas que ningún hombre puede cerrar. Él te ayudará a superar obstáculos que parecían insuperables, verás su bondad y abundancia de maneras asombrosas.

CAPÍTULO 4

AUMENTA LA POTENCIA

Cuando honras a Dios con tu vida, manteniéndolo en primer lugar, Él pone algo en ti llamado *bendición ordenada* que es como un imán. Atrae a las personas adecuadas, buenas oportunidades, contratos, ideas, recursos e influencia. No tienes que ir tras estas cosas, intentando hacer que algo suceda valiéndote de tus fuerzas o de tu talento, esperando que la vida funcione. Todo lo que debes hacer es seguir honrando a Dios y las personas adecuadas te encontrarán a ti. Las oportunidades adecuadas se cruzarán en tu camino. El favor, la sabiduría y la reivindicación te perseguirán. ¿Por qué? Porque te has convertido en un imán de la bondad de Dios.

El ejército tiene lo que llaman misiles de búsqueda de calor. Programan un objetivo en la computadora y disparan el misil que puede viajar miles de millas. El objetivo previsto podría estar volando en el aire, zigzagueando aquí y allá, tratando de esquivar el misil, pero no tiene ninguna posibilidad de librarse. Ese misil de búsqueda de calor lo sigue a todas partes. Eventualmente lo alcanzará y logrará su propósito.

De la misma manera, cuando mantienes a Dios en primer lugar, igual que ese misil que busca el calor y encuentra un objetivo, Dios enviará bendiciones que te perseguirán y favores que te alcanzarán. De la nada, llegará una buena oportunidad. De repente tu salud mejorará. De la nada, podrás pagar tu casa. Inesperadamente, se cumplirá un sueño. No será un golpe de suerte. No será coincidencia. Es la bendición ordenada para tu vida. Como un imán, estás atrayendo la bondad de Dios.

Eso es lo que significa Deuteronomio 28: cuando andes en los caminos de Dios, haciendo que agradarle a Él sea máxima prioridad, todas estas bendiciones te perseguirán y te alcanzarán.[2] En otras palabras, dice: "Te convertirás en un imán de bendiciones". Eso significa que debido a que estás honrando a Dios, ahora mismo, algo bueno se siente atraído hacia ti. No el miedo, ni la enfermedad, ni la depresión o la carencia de oportunidades. No; como un misil que busca el calor, el favor te está siguiendo, la promoción se dirige

---

[2] N.E. Así se explica en *The Message*.

hacia ti, las conexiones divinas te están buscando. Estás atrayendo la bondad de Dios.

Puedes estar enfrentando una enfermedad. En lugar de pensar: "Nunca me repondré. Deberías ver el informe médico", tu actitud debería ser: "La sanación me está buscando. La restauración me está siguiendo". Si estás luchando con tus finanzas, en lugar de pensar: "Nunca saldré de la deuda. Nunca lograré mis sueños", debes decirte: "La abundancia me está buscando. El favor está en mi futuro. Las buenas oportunidades me están siguiendo". Si estás soltero, no concluyas: "Nunca me casaré. Soy demasiado viejo. Ha pasado demasiado tiempo". No; debes declarar: "La persona adecuada me está buscando. Las conexiones divinas me están siguiendo. Ya están en mi futuro. Como un imán, las estoy atrayendo".

SIGUE SIENDO LA MEJOR VERSIÓN DE TI MISMO

Cuando miro hacia atrás en mi vida, es evidente que la mayoría de los favores y de las buenas oportunidades vinieron a mí. No fui tras ellas. Simplemente estaba haciendo mi mejor esfuerzo y Dios hizo más de lo que yo podía pedir o pensar. Nunca pensé que podría ponerme de pie frente a la gente y ser un ministro. Pasé diecisiete años tras bambalinas en Lakewood haciendo la producción de televisión. No estoy presumiendo, pero durante esos diecisiete años fui fiel. Lo di todo. Me esforcé para que mi padre se viera lo mejor posible. Hacía esfuerzos adicionales para asegurarme de que la iluminación fuera perfecta y de que los ángulos de cámara fueran los correctos. Incluso iba a la casa de mis padres todos los sábados por la noche y elegía un traje y una corbata para que mi padre se los pusiera al día siguiente en la televisión. Mi madre decía: "Joel, papá es un hombre adulto. No es necesario que vengas todas las semanas. Él puede elegir su ropa". ¡El problema es que ya había visto lo que mi padre había elegido! Digamos que le gustaba la abundancia de colores. Yo quería que ese programa fuera perfecto. No estaba buscando convertirme en el pastor principal de Lakewood. Estaba contento donde estaba, detrás de escena. Pero cuando mi padre se fue a la presencia del Señor, la oportunidad vino hacia mí. Nunca planeé hacerlo; me persiguió y me encontró.

El sueño de Dios para tu vida es mucho más grande que el tuyo. Si sigues dando lo mejor de ti en el lugar donde te encuentras, obtendrás el favor, la promoción y la oportunidad más grande que jamás hayas imaginado. No tendrás que ir tras ello; todo vendrá a ti. Como un imán, lo atraerás.

Cuando tenía poco más de veinte años, entré en una joyería y vi a Victoria por primera vez. ¡Como si yo fuera un imán, ella no podía quitarme las manos de encima! (En todo caso, esa es mi versión de la historia). Salimos en nuestra primera cita y nos divertimos mucho. Fue en el Centro Compaq, donde ahora tenemos nuestros servicios. La semana siguiente me invitó a ir a su casa a cenar. Nos reímos y lo pasamos muy bien. La llamé al día siguiente al trabajo para agradecerle, pero estaba ocupada y no podía hablar. La llamé esa noche a casa y no estaba. La llamé al día siguiente y al día siguiente y al día siguiente y al siguiente, pero ella siempre estaba ocupada o no disponible; por alguna razón no podía hablar. Finalmente, entendí el mensaje. Me estaba evitando. No quería verme. "Está bien", pensé. "No la llamaré más". Aproximadamente dos semanas después, estaba sentado en un pequeño restaurante desayunando solo y Victoria entró. Vio mi auto en el estacionamiento, vino, se sentó a la mesa y dijo: "Joel, siento mucho haberme perdido todas tus llamadas". ¡Recuperó la cordura y vino a buscarme! (Nuevamente, esa es mi versión de la historia. En realidad, ella desayunó y luego me hizo pagar la cuenta).

Amigo, Dios tiene a las personas adecuadas en tu futuro. Cuando honras a Dios, la persona que

Él ha diseñado para ti, la correcta, se cruza en tu camino como atraída por un imán. No tienes que preocuparte. No tienes que jugar y tratar de convencer a alguien de que le gustas. Si no le agradas, déjala ir. Si no te celebra y no te ve como un regalo, como un tesoro, como único en tu clase, sigue adelante. No te aferres a personas que no se sienten atraídas por ti. La persona adecuada no podrá vivir sin ti. Aquella persona que Dios diseñó para ti pensará que eres lo más extraordinario del mundo. Sigue dando lo mejor de ti justo donde estás, honrando a Dios, y Él hará por ti lo que hizo por mí. Él hará que estés en el lugar correcto en el momento correcto. Esas conexiones divinas se cruzarán en tu camino.

Sucederá en el momento exacto

Lo que Dios ha planeado para ti es mucho más grande que cualquier cosa que hayas soñado. Si Dios te mostrara ahora mismo a dónde te lleva (el favor, el ascenso, la influencia), te quedarías sin palabras, maravillado. Puedes pensar, como yo, que no eres el más calificado, que no tienes la personalidad ni el talento. Está bien, porque no sucederá solo por tu talento, tu personalidad o tu arduo trabajo. Sucederá gracias a la bendición ordenada en tu vida. La unción de Dios sobre ti es más importante que tu talento, tu educación o tu origen familiar. Podrías tener menos talento, pero con el favor de Dios llegarás más lejos y lograrás más que otras personas brillantes. Puede que no veas de qué forma esto será posible. Parece improbable que suceda, pero no tienes que averiguar cómo pasará. Si sigues dando lo mejor de ti en el lugar donde te encuentras, llegando al trabajo a tiempo, haciendo más de lo necesario, siendo alguien de excelencia e integridad, las personas adecuadas te encontrarán y las oportunidades adecuadas te rastrearán.

Ahora bien, no te frustres si no sucede de acuerdo con tu calendario. Tienes que pasar algunas pruebas. Debes demostrarle a Dios que serás fiel allí donde estés. Si no eres fiel en el desierto, ¿cómo puede Él confiar en que serás fiel en la Tierra Prometida? Tienes que mantener una buena actitud, aun cuando las cosas no resulten como tú deseas. Tienes que dar lo mejor de ti cuando no obtienes ningún crédito. Haz lo correcto cuando sea difícil. Ahí es cuando se está desarrollando tu carácter. Si pasas esas pruebas, puedes estar seguro de que Dios te llevará adonde se supone que debes estar. Las personas adecuadas están en tu futuro. También lo están las oportunidades adecuadas, los buenos contactos, la sabiduría, los contratos, las casas. Dios dijo: "No te negaré nada bueno porque andas en integridad".

He aprendido que en una fracción de segundo, un toque del favor de Dios puede llevarte más lejos de lo que podrías llegar en toda tu vida por tu cuenta. Deja de pensar: "Me estoy quedando más y más atrás. Nunca lograré mis sueños". No; Dios tiene bendiciones explosivas en tu futuro. Él tiene bendiciones que te impulsarán años y años hacia adelante.

Me dirás: "Joel, todo esto suena bien, pero realmente no tengo el talento. No conozco a las personas adecuadas. No tengo dinero". Está bien; Dios sí. Él ya tiene lo que necesitas. Hay buenas oportunidades en este momento que tienen tu nombre escrito. Hay contratos, edificios y negocios que tienen tu nombre en ellos. Hay ideas, inventos, libros, películas y canciones que llevan tu nombre. Si sigues honrando a Dios, dando lo mejor de ti, como un imán, atraerás lo que ya tiene tu nombre.

¿Cuándo sucederá? En el momento exacto. Si aún no ha sucedido, no te desanimes. Dios sabe lo que está haciendo. Si hubiera sucedido antes, no habría sido el mejor momento. Simplemente sigue siendo fiel donde estás y continúa viviendo con la actitud de que algo bueno se avecina en tu camino.

Cuando lo hagas, como un imán atraerás lo que ya tiene tu nombre. Hay salud con tu nombre. Si eres soltero, hay una pareja con tu nombre. Si estás buscando tener un hijo, hay un bebé con tu nombre. Dios ya los ha elegido para que sean tuyos. Hay un negocio con tu nombre. Hay una película taquillera con tu nombre. Hay un invento que impactará al mundo con tu nombre.

Tus "reservados" te seguirán

Esta es toda la clave: no tienes que buscar la bendición. Busca a Dios y las bendiciones te buscarán. Aquí es donde nos equivocamos. A menudo pensamos: "Tengo que conseguir este ascenso. Tengo que conocer a esta persona. Debo hacer que mi carrera vaya más rápido". Y sí, debemos usar nuestros talentos, tener determinación y dar pasos de fe, pero puedes tener paz, puedes vivir tranquilo, sabiendo que al honrar a Dios, las personas adecuadas te encontrarán. Las oportunidades adecuadas te perseguirán.

El libro de Proverbios dice: "La riqueza del pecador está reservada para el justo" (Proverbios 13:22, NBLA). Date cuenta de que, porque eres justo, hay algo que Dios ha reservado para ti. La buena noticia es que te encontrará en el momento adecuado. Eso significa que ahora mismo algo te está buscando, y no es la derrota, ni la lucha, ni la carencia. Tú eres justo. El favor te está buscando. Las buenas oportunidades te están buscando. La salud te está buscando. La influencia te está buscando. Puede que aún no lo hayas visto, pero no te desanimes. Sigue honrando a Dios, pues Él promete que algunos de estos "reservados" te perseguirán.

Nuestra hermosa instalación, el antiguo Centro Compaq, es uno de esos "reservados". Estaba guardada para nosotros. Tenía nuestro nombre, y en el momento adecuado nos encontró. El edificio fue construido a principios de la década de 1970. Primero se llamó The Summit. Luego, el nombre cambió a Centro Compaq. Pero creo que si hubieras removido los nombres del proyecto cuando se edificó, habrías visto el nombre "Iglesia de Lakewood". Dios nos tenía en mente cuando fue construido. Finalmente, Dios dijo: "Está bien, es hora de entregarlo".

De la misma forma, hay algunos "reservados" en tu futuro. Lo bueno es que no tienes que perseguirlos; simplemente persigue y busca a Dios. Mantenlo en primer lugar. Vive con excelencia e integridad, y Dios ha prometido que los "reservados" encontrarán el camino hacia tus manos.

Esto es lo que dijo Jesús: "Busquen primeramente el reino de Dios y su justicia, y todas estas cosas les serán añadidas" (Mateo 6:33, NVI). Todo lo que necesitas para cumplir con tu destino ya está reservado para ti. Ahora solo debes enfocarte en que tu máxima prioridad sea agradar a Dios. En otras palabras, antes de ceder a la tentación, sé firme y di: "No, voy a agradar a Dios y alejarme de la tentación. Quiero cumplir mi destino. Quiero entrar en mi "reservado". Antes de regañar a esa persona, detente y di: "No, voy a agradar a Dios y mantendré mi boca cerrada". En la oficina, cuando no te traten bien y tengas ganas de holgazanear, supera esa actitud y di: "Voy a agradar a Dios y a continuar siendo lo mejor que puedo. Sé que no estoy trabajando para la gente, estoy trabajando para Dios". Vive así, y todas las fuerzas de la oscuridad no podrán alejarte de tu destino.

Lo asombroso de las instalaciones de nuestra iglesia es que no las perseguí; ellas vinieron a mí. Dos veces intenté comprar un terreno y construir un nuevo santuario, pero en ambas ocasiones las propiedades se vendieron a otros compradores. Pensé: "Estamos atascados. No hay más espacio. No hay forma de crecer". Pero un día, de la nada, un viejo amigo llamó inesperadamente y dijo que quería hablar conmigo sobre algo. Dijo: "Joel, el equipo de baloncesto de los Houston Rockets está a punto de mudarse del Centro Compaq. Esa sería una gran instalación para Lakewood". Cuando lo mencionó, algo cobró vida dentro de mí. Nunca soñé que pudiéramos tener algo tan hermoso, tan especial. Es la principal instalación en la cuarta ciudad más grande de Estados Unidos y está sobre la segunda autopista más transitada del país.

Así como fue cierto para nosotros, los "reservados" que Dios ha dispuesto para tu vida te maravillarán. Serás y lograrás más de lo que puedes pedir o pensar. Dios no solo ya los ha dispuesto, ha ido un paso más allá. Ya les ha puesto tu nombre. Ya han sido marcados como parte de tu destino divino. ¿Cuál es tu parte? ¿Preocuparte? ¿Luchar? ¿Intentar que suceda? ¿Manipular a esta persona y esperar que tal vez te haga un favor? No, no tienes que jugar con la gente. No tienes que rogarle a la gente o esperar que te tiren una migaja aquí o allá. No eres un mendigo; eres un hijo del Dios Altísimo. Tienes sangre real fluyendo por tus venas. Llevas una corona de favor. El Creador del universo te ha llamado, te ha equipado, te ha dado poder y te ha elegido.

Todo lo que debes hacer es seguir honrando a Dios y las bendiciones te encontrarán. Aparecerán las personas adecuadas, las que quieran ayudarte.

Las buenas oportunidades, los negocios y los contratos te rastrearán. Una llamada telefónica, una persona a quien Dios ha ordenado que te ayude puede cambiar el curso de su vida. ¿Cómo sucederá? ¿Es solo a través de tu talento, tu capacidad y tu arduo trabajo? Eso es parte, pero la clave es honrar a Dios. Eso es lo que te ubica en una posición privilegiada para que sus bendiciones te alcancen. Eso es lo que te convierte en un imán para el favor de Dios.

SUEÑA EN GRANDE. CREE EN GRANDE.
ORA EN GRANDE.

Yo sé que eres un imán fuerte y poderoso. Puedes estar muy cerca de atraer aquello por lo que has estado orando y creyendo. Has honrado a Dios. Has sido fiel. Ahora Él está a punto de liberar uno de esos "reservados" en tu vida. Será más grande de lo que imaginabas. Cuando conozcas a esa persona, será mejor de lo que jamás soñaste. Esperaste mucho tiempo, pero cuando aparezca, dirás: "Valió la pena esperar".

"Bueno, Joel, estás logrando que mi esperanza aumente". Tienes razón. No puedes tener fe si primero no tienes esperanza. Es fácil quedarse estancado en una rutina pensando: "Dios ha sido bueno conmigo. Tengo una buena familia. Estoy sano. Estoy bendecido". Pero aún no has visto nada. No has ni siquiera arañado la superficie de lo que Dios tiene reservado para ti.

Algunos de ustedes van a escribir un libro, una película o una canción que tocará al mundo. La idea vendrá a ti. No tienes que ir tras ella. Algunos de ustedes iniciarán un negocio que se convertirá en una fuerza global. Algunos de ustedes tendrán un ministerio que sacudirá a las naciones. Algunos de ustedes criarán a un niño que se convertirá en presidente o en un líder mundial, un hacedor de historia. El "reservado" que Dios tiene en tu futuro te sorprenderá. No se parece a nada que hayas visto antes. Dios te ha levantado para tomar un nuevo terreno para el Reino, para ir a donde otros no han ido.

Sueña en grande. Cree en grande. Ora en grande. Abre espacio para que Dios haga algo nuevo en tu vida.

Si me hubieras dicho hace años que algún día estaría ministrando alrededor del mundo y que tendría libros traducidos a diferentes idiomas, habría pensado: "Yo no; no tengo nada que decir". Pero Dios sabe lo que ha puesto en ti: los dones, los talentos, el potencial. Tienes semillas de grandeza dentro de ti. Se abrirán puertas que nadie podrá cerrar. Saldrá de ti talento que no sabías que tenías. Dios te conectará con las personas adecuadas. Él te presentará oportunidades que te llevarán a un nuevo nivel en tu destino.

Cuando mi padre vivía, Victoria y yo íbamos a la India con él un par de veces al año. Una vez, conocimos a un pastor joven que provenía de una familia extremadamente pobre. No tenían electricidad ni agua corriente y vivían en un campo abierto en una pequeña cabaña que habían construido. El vecino era muy rico. Poseía una enorme granja con miles de cabezas de ganado y muchos cultivos diferentes; además, vendía leche y verduras a la gente del pueblo. Pero era codicioso y cobraba más de lo que debía. Mucha gente no tenía acceso a sus productos.

Un día, cerca de diez de las vacas del granjero rico salieron y se acercaron a la pequeña cabaña donde vivían el pastor y su familia. Tener una sola vaca ya era una gran cosa, porque proporcionaría leche y otros productos para vender a las personas. Los trabajadores del granjero llegaron y recuperaron esas diez vacas para llevarlas de vuelta a la propiedad de su amo. Al día siguiente, las mismas diez vacas salieron y regresaron a la cabaña. Eso sucedió una y otra y otra vez. El dueño se sintió tan frustrado que les dijo a sus trabajadores:

"Díganle al pastor que puede quedarse con esas diez vacas". ¡Se las dio como regalo!

El pastor estaba emocionado. Comenzó a vender leche y otros productos lácteos a la gente del pueblo, pero vendió los productos a un precio mucho menor. Al poco tiempo, las personas hacían filas en su puerta. Así pudo comprar más vacas. Su negocio creció tanto que el dueño de la gran granja se acercó y dijo: "Me estás arruinando. No puedo competir contigo. ¿Por qué no te haces cargo de mi empresa?". El pastor compró aquella empresa por una fracción de su valor y hoy tiene una compañía muy exitosa con varios cientos de empleados. Pero todo comenzó cuando las vacas vinieron a buscarlo y no regresaron a casa. ¿Qué fue eso? Como un imán, atrajo la bondad de Dios.

No tienes que preocuparte por cómo saldrán las cosas. Dios sabe cómo hacer que las vacas te encuentren. Lo que tenga tu nombre —bienes raíces, buenas oportunidades, negocios, gracia y favor— eventualmente llegará a tus manos. Proverbios lo dice de esta manera: "Los problemas persiguen a los pecadores, mientras que las bendiciones recompensan a los justos" (Proverbios 13:21, NTV). Tú eres uno de los justos. Ahora mismo, el favor te persigue. La promoción te persigue. La sanación

te persigue. ¡Las vacas pueden estar buscándote!
La abundancia se acerca a ti.

AUMENTA LA POTENCIA

Jamás digas: "Nunca saldré de mis deudas". "Nunca me casaré". "Nunca volveré a estar bien". ¿Sabes lo que pasa cuando haces eso? Desmagnetizas tu imán, le quitas el poder de atracción.

Cuando era pequeño, jugaba con un imán. Un día, descubrí que el imán había perdido su poder de atracción. Yo lo había dejado junto a algo que lo desmagnetizó. Tenía el mismo aspecto, pero ya no atraía nada. De la misma manera, cuando nos concentramos en pensamientos negativos como "no puedo hacerlo, no puedo, nunca sucederá", desmagnetizamos nuestro imán. Si piensas así, le estás quitando su poder de atraer lo que te pertenece.

¿Sabes lo que estoy haciendo hoy? Te estoy ayudando a aumentar la potencia de tu imán. Cuando te das cuenta de que Dios ha puesto una bendición ordenada en tu vida, y sales todos los días con la actitud de que algo bueno te sucederá, allí es cuando Dios puede hacer excesivamente, abundantemente, puede llevarte mucho más alto y lejos.

Cada uno de nosotros puede recordar un momento en el que vio inesperadamente el favor de Dios. Tú no lo perseguiste; vino a ti. Dios lo ha hecho en el pasado, y la buena noticia es que no solo lo volverá a hacer en el futuro, sino que eso nuevo hará palidecer lo que has visto hasta ahora. Él tiene bendiciones explosivas en camino. Te llevarán a un nivel más grande de lo que imaginaste. Mirarás atrás y te unirás a mí para decir: "¿Cómo llegué aquí? No soy el más calificado ni el más talentoso. No tengo la experiencia necesaria". Quizá tú no, pero Dios sí. Él sabe cómo llevarte adonde se supone que debes estar. Durante todo el día, haz esta declaración: "Estoy bendecido".

Creo que hoy el poder de tu imán está aumentando. Estás a punto de atraer buenas oportunidades, promoción, sanación, favor, ideas, contratos y creatividad. Dios está a punto de liberar lo que ya tiene tu nombre. No tendrás que perseguirla, esa abundancia llegará a ti. Será más grande de lo que imaginabas. Sucederá antes de lo que pensabas. Estás a punto de entrar en la plenitud de tu destino y convertirte en la persona que Dios diseñó y creó con un plan de bendición.

Capítulo 5

Sé el milagro de alguien

Mucha gente está justo ahora orando por un milagro. Están diciendo: "Dios, por favor envíame un amigo. Dios, necesito ayuda con estos niños. Necesito entrenamiento. Dios, necesito una buena oportunidad". Tenemos que darnos cuenta de que podemos convertirnos en el milagro que esas personas necesitan. Dios usa a la gente. Él no tiene manos para curar excepto nuestras manos. No tiene voz para alentar excepto nuestra voz. No tiene brazos para abrazar excepto nuestros brazos. Dios traerá personas que se cruzarán por nuestro camino y seremos la respuesta a su oración.

Puede que no te des cuenta, pero eres un milagro por ocurrir. Personas que conoces están solas y orando por un amigo. Tú eres el milagro que están esperando. Algunos han recibido un mal informe médico. Están preocupados y oran: "Dios, por favor envíame una señal. Déjame saber que todavía tienes el control". Tú eres esa señal. Una simple llamada telefónica para decir: "Estoy pensando en ti. Quiero que sepas que todo saldrá bien", te convierte en su milagro. Alguien se desanima y dice: "Dios, no entiendo este tema. Reprobaré este curso. Dios, envíame a alguien". Tú eres ese alguien.

Tómate el tiempo para convertirte en un milagro. Sé consciente de quién está en tu vida. Esas personas no están allí por accidente. Dios las puso a tu alrededor a propósito, porque estás lleno de milagros. Hay sanación en ti. Hay restauración, hay amistad, hay nuevos comienzos a través de ti. La vida es mucho más gratificante cuando te das cuenta de que puedes ser la respuesta a la oración de alguien. Puedes levantar a los caídos. Puedes restaurar a quien está roto. Puedes ser amable con un extraño. Puedes convertirte en el milagro de alguien.

UN MILAGRO ESPERANDO POR SUCEDER

Mi hermano Paul es cirujano. Pasa mucho tiempo en África operando a personas necesitadas en medio de la nada. Está en una villa remota, a cientos de millas de la ciudad más cercana. La clínica es solo una pequeña construcción de lámina que apenas tiene electricidad, suministros mínimos y un médico. Hace varios años, un joven llegó a la clínica a media noche, con una profunda herida a la altura de la cintura hecha por un colmillo de elefante. Paul lo llevó de inmediato al quirófano improvisado, esperando poder salvarle la vida. El problema era que no tenían sangre entre los suministros para hacerle una transfusión al herido. Paul podría haberle dicho: "Lástima. Me encantaría ayudarte, pero vas a necesitar varias dosis de sangre. Simplemente no es tu día de suerte". Antes de operarlo, Paul tomó treinta minutos para extraer sangre de la única persona que podía en ese momento: él mismo.

Operó al joven y luego repuso la sangre que había perdido con su propia sangre. ¿Qué estaba haciendo? Convirtiéndose en un milagro. Pudo haber dicho: "Dios, este hombre está muy mal. Necesita un milagro". Paul se dio cuenta y pensó: "Yo soy su milagro".

Todos sabemos que Dios puede hacer grandes obras. Sabemos que Dios puede hacer milagros. Pero lo que quiero que veamos es que Él ya ha hecho milagros en nosotros. Podemos ser la respuesta a las oraciones de alguien. Tú puedes ser la buena oportunidad que alguien está buscando. Puedes ser la ayuda que alguien ha estado esperando. Puede que no sea algo tan dramático como salvarle la vida. Puede ser algo tan simple como enseñarle a tu compañero de trabajo algunas de las cosas que tú sabes hacer o ayudar a esa familia que está luchando para pagar el alquiler. Tal vez será llevar a ese otro muchacho a la práctica de béisbol con tu hijo cada semana. No es gran cosa para ti, pero para ellos es un milagro. Es lo que los empujará hacia su destino.

Si todos tuviéramos la actitud de "soy un milagro a punto de suceder", ¿qué tipo de mundo sería este? He oído decir: "A veces no necesitamos un milagro, solo nos necesitamos unos a otros". Mira a tu alrededor; mira quién está en tu vida. Escucha lo que están diciendo. ¿Hay alguna forma en la que puedas ayudar? ¿Puedes hablar bien de ellos en la oficina? ¿Necesitan un vestido para una ocasión especial y tienes una docena en tu armario que nunca usarás? ¿Viven solos y su familia está en otra región? Puedes invitarlos a almorzar con tu familia de vez en cuando. Hazlos sentir bienvenidos. Todas esas son oportunidades para convertirte en su milagro.

"CUANDO SACIAS A LOS OTROS..."

Un buen amigo creció muy pobre, vivía de la asistencia social. Provenía de una familia monoparental, y no siempre había estabilidad en su hogar. Le encantaba leer y escribir, y su sueño era convertirse en periodista de televisión. Contra todo pronóstico, obtuvo una beca en una universidad de la *Ivy League*, mayoritariamente blanca. Él es afroamericano. Su compañero de habitación provenía de una familia muy prestigiosa e influyente, justo lo opuesto a la familia de mi amigo. Pero estos dos jóvenes se llevaron bien y se convirtieron en mejores amigos. Le contó a su compañero su deseo de convertirse en periodista de televisión. Este le dijo: "Si vas a ser periodista, debes tener un mejor vocabulario. No sabes suficientes palabras". Todos los días, el compañero sacaba el diccionario, le enseñaba a su amigo una palabra nueva y le pedía que la usara en distintas oraciones, durante todo el día. Hicieron eso durante cuatro años consecutivos. ¿Qué estaba haciendo este compañero de habitación? Estaba convirtiéndose en un milagro. Se tomó el tiempo de preocuparse. Se dio cuenta de que su amigo había llegado a su vida por una razón. Hoy, este joven es uno de los mejores periodistas de Estados Unidos. Trabaja para una importante cadena de medios de comunicación y aparece en uno de los más prestigiosos programas de noticias. Pero me pregunto dónde estaría ahora si su compañero de habitación no se hubiera tomado el tiempo para convertirse en un milagro.

"Muy bien", dirás, "pero yo no quiero leer sobre cómo ser un milagro. Yo necesito un milagro". Aquí está la clave: si te conviertes en un milagro, Dios siempre se asegurará de que tengas todos los milagros que necesitas. Siempre que estés sembrando estas semillas, las personas adecuadas, las oportunidades adecuadas y las situaciones que necesitas estarán en tu futuro. Dios te llevará adonde se supone que debes estar. Eso es lo que dice en Proverbios: "El que sacia a otros también será saciado" (Proverbios 11:25, RVA-2015). Si quieres que tu sueño se haga realidad, ayuda a que el sueño de otra persona se haga realidad. Si necesitas un milagro, conviértete en un milagro. Cuando te tomas el tiempo de invertir en otros, las semillas que siembras siempre volverán a ti.

Conocí a dos mujeres después de un servicio hace unos años. Pensé que eran madre e hija. Pero la señora mayor dijo: "No, no lo somos, pero ella es como mi hija". Ella me contó que antes de que mudáramos nuestra iglesia de la ubicación noreste de Houston a nuestras nuevas instalaciones, no sabía si podría continuar viniendo. Siendo viuda, no se sentía cómoda conduciendo por la autopista. Un día, después de un servicio, le estaba contando a un grupo de amigos su dilema. Esta joven, a quien no conocía, la escuchó, se acercó y dijo: "¿Qué tal si la voy a buscar todos los domingos y la traigo?". La señora, muy sorprendida, la miró y dijo: "¿Hablas en serio? ¿Dónde vives?". Vivían a treinta minutos de distancia, pero eso no detuvo a esta joven. Ella podría haber pensado: "Me encantaría ayudarle, pero es un largo camino, estoy ocupada en mi carrera y el combustible es muy costoso". En cambio, vio eso como una oportunidad para convertirse en un milagro. Ahora, todos los domingos por la mañana, como un reloj, la joven se parquea frente a la entrada de la casa de la señora, a las nueve y media de la mañana, y la lleva a la iglesia. Después de contarme la historia, abrazó a la joven y dijo: "Joel, ella es mi milagro".

No puedes ayudar a todos, pero puedes ayudar a alguien. Dios ha puesto personas en tu camino que están conectadas con tu destino. A medida que los ayudes a subir más alto, tú también te elevarás. A medida que satisfagas sus necesidades, Dios dará satisfacción abundante a tus necesidades. Cuando te conviertas en un milagro, Dios te dará milagros. Pero lo contrario también es verdad. Si estamos demasiado ocupados como para ayudar a otra persona, no vamos a obtener la ayuda que necesitamos. Si estamos demasiado atrapados en nuestros propios sueños como para interesarnos en otros, o demasiado preocupados por nuestros propios problemas como para animar a alguien más, nos estancaremos. Alcanzar tu máximo potencial depende de que ayudes a otra persona a alcanzar su propio potencial también. Es como un búmeran. Cuando ayudas a alguien a subir más alto, el favor vuelve a ti y tú también te elevas.

ESTÁS LLENO DE MILAGROS

Jesús contó una parábola, en Lucas 10, sobre un hombre que iba por un camino cuando unos bandidos lo atacaron y golpearon. Lo dejaron tirado medio muerto. Al poco rato pasó un sacerdote. Vio al hombre a la distancia y pensó: "Vaya, está en mal estado. Este hombre necesita un milagro. Estaré orando por él". Y siguió adelante. Luego pasó otro hombre, un levita, un asistente de los sacerdotes, que hizo un esfuerzo un poco mayor. Se acercó al hombre, lo examinó y sintió pena por él. Pensó: "Esto es realmente injusto. Espero que alguien lo ayude", y siguió adelante.

Después, pasó un tercer hombre, un samaritano. Como los dos primeros, pensó: "Este hombre sin duda necesita un milagro". Pero dio un paso más allá y dijo: "¿Sabes qué? Yo soy su milagro. Estoy en el lugar correcto en el momento correcto. Dios lo puso en mi camino para que yo sea un sanador, para que sea un restaurador, para que pueda darle un nuevo comienzo". El samaritano se acercó al herido y se arrodilló para atenderlo. Le dio agua de su cantimplora, se quitó la bufanda y vendó sus heridas. Luego, lo levantó suavemente, lo subió al lomo de su animal y lo asistió kilómetro a kilómetro mientras caminaban hacia la ciudad más cercana. Cuando llegaron a la posada local, le pagó por adelantado al dueño y le dijo: "Cuida de él. Que se quede todo el tiempo que quiera. Dale lo que necesite. Y prometo que cuando regrese, pagaré los gastos adicionales".

Mi pregunta es: ¿cuál de estos tres personajes eres tú? Es fácil estar ocupado y pensar: "No tengo tiempo para ayudar a los demás. Yo tengo mis propios problemas". Ayudar a los demás puede ser la clave para que tu situación cambie. Las personas que ves que necesitan aliento, que necesitan que los lleves a algún lugar, que necesitan sangre, que necesitan ayuda para lograr un sueño, todas ellas son oportunidades para que tú llegues más alto. Cuando sacies a otros, te saciarás.

Es interesante que Jesús haya usado a un sacerdote como ejemplo en su parábola. No podía hacer una parada en el camino. Tenía que llegar al templo. Tenía que cumplir con sus deberes religiosos. No tuvo tiempo de molestarse con este hombre. Después de todo, si lo ayudaba, su túnica blanca podría ensuciarse, quedar ensangrentada o "inmunda". Quizá no se vería presentable en el templo. Tenía todo tipo de excusas. Pero la verdadera religión no tiene miedo de ensuciarse las manos con tal de ayudar. La verdadera religión no se esconde detrás de vitrinas o de ropa elegante, sino que va a donde están las necesidades.

Cuando te agachas para levantar a alguien, a los ojos de Dios, has subido a lo más alto. Lo más cercano al corazón de Dios es ayudar a las personas que sufren. Cuando te tomas el tiempo para restaurar a los quebrantados, cuando viertes el aceite sanador sobre sus heridas, cuando los animas y enjugas sus lágrimas, cuando les haces saber que hay nuevos comienzos… esa es la religión de la que habló Jesús. La verdadera religión no juzga a las personas para ver si merecen nuestra ayuda: "La verdad es que ella está necesitada, pero no creo que esté viviendo el tipo de vida adecuado". "Lo veo sufriendo, pero es culpa suya. Es un adicto. Se buscó ese problema".

Jesús dijo: "Son los enfermos los que necesitan al médico, no los sanos". Dios no nos llamó para juzgar a la gente; nos llamó para curarla. Nos llamó a restaurarla. Nos llamó a convertirnos en sus milagros. Cualquiera puede encontrar fallas. Cualquiera puede ser crítico y encontrar excusas para pasar de largo. Eso es fácil. Pero ¿dónde están las personas que se tomarán el tiempo para preocuparse? ¿Dónde están las personas que se ensuciarán si es necesario para levantar a alguien? ¿Dónde están quienes ayudarán al prójimo y lo amarán hasta llevarlo de nuevo a la plenitud?

Este tercer hombre, el samaritano, inmediatamente se acercó al herido y lo ayudó; así marcó la diferencia. No lo pensó dos veces. Se convirtió en el milagro que el herido necesitaba. Ese es el tipo de persona que debemos ser. No meros espectadores que pasan de largo. No gente demasiado ocupada en nuestra carrera o con el trabajo de la iglesia. No gente como el segundo hombre que siente lástima, pero solo dice: "Ojalá esto no hubiera sucedido. Qué mal. Voy a orar por esta causa". Convirtámonos en el milagro. Dios cuenta con nosotros. Tú puedes levantar a los caídos. Puedes curar el dolor. Puedes ser amigo de los solitarios. Puedes ayudar a que un sueño se haga realidad. Tú estás lleno de milagros.

DERRAMA EL ACEITE SANADOR

La popular cantante cristiana Tammy Trent es mi amiga. Cierto día me contó cómo ella y su esposo, Trent, fueron a una isla tropical de vacaciones para celebrar su décimo primer aniversario de bodas. Trent era un buzo muy hábil que podía sumergirse sin un tanque de aire durante seis o siete minutos. Muy emocionados, llegaron a la playa el primer día. Trent saltó al agua y comenzó a explorar las cuevas submarinas. Tammy se quedó en la playa para disfrutar del hermoso paisaje. Pasaron diez minutos y no vio rastro de su marido, lo que la preocupó un poco. Veinte minutos, todavía no había señales de él. Treinta minutos y ella seguía sin ver a Trent. Comenzó a entrar en pánico y llamó a las autoridades. Enviaron botes e iniciaron una búsqueda. Pasaron horas y horas. Desafortunadamente, encontraron el cuerpo sin vida de Trent al día siguiente.

Tammy no solo estaba en shock y totalmente devastada, sino que estaba en un país extranjero, completamente sola, sin nadie conocido. Sus padres hicieron arreglos para volar allá de inmediato, al día siguiente. El problema es que todo sucedió el 10 de septiembre de 2001. El día siguiente fue el fatídico 11 de septiembre. Ningún vuelo pudo despegar. Tammy estuvo allí durante días, sin nadie, sintiéndose sola y olvidada. Estaba tan aletargada, como sonámbula, que ni siquiera podía pensar con claridad. Finalmente oró y dijo: "Dios, si todavía te importo, envía a alguien para ayudarme. Dios, envía a alguien que me haga saber que todavía estás allí".

Minutos después, alguien tocó a la puerta de su habitación en el hotel. Era el ama de llaves, una anciana jamaiquina. Le dijo: "No quiero meterme en sus asuntos, pero cuando estaba limpiando la habitación contigua, no pude evitar escucharla llorar a través de las paredes, y me preguntaba si me permitiría orar con usted". Tammy le contó lo que había sucedido, y el ama de llaves la abrazó como si fuera su propia hija. En ese momento, a miles de kilómetros de casa, Tammy supo que Dios aún tenía el control. El ama de llaves se tomó el tiempo para ser una sanadora. Era sensible a las necesidades de quienes la rodeaban, al punto de escuchar los sollozos desde otra habitación. Sabía que una de las razones por las que estaba aquí en la tierra era para ayudar a enjugar las lágrimas de los demás. Ese día derramó aceite sanador sobre las heridas de Tammy. Se convirtió en un milagro.

DEMUÉSTRALE A ALGUIEN QUE TE IMPORTA

Las Escrituras hablan de cómo un día Dios enjugará todas las lágrimas. No habrá más tragedia, no más enfermedad, no más dolor. Mientras tanto, Dios cuenta contigo y conmigo para enjugar esas lágrimas. ¿Estás levantando a los caídos? ¿Estás restaurando al quebrantado? ¿Te estás tomando el tiempo para ayudar a alguien que lo necesita? Ir a la iglesia y celebrar es genial. Es importante. Vamos a la iglesia para ser animados y fortalecidos. Pero nuestra verdadera tarea comienza cuando salimos del edificio. Mira a tu alrededor y encuentra a los desanimados. Pon atención los gritos de ayuda. Puede que no los escuches con tus oídos, pero puedes escucharlos con tu corazón. Tú notas cuando alguien está caído. De repente sientes que la compasión fluye hacia esa persona. Piensas que necesitas invitarla a comer, que necesitas animarla. No lo pospongas. No seas un espectador que solo pasa de lado. Dios quiere que brindes sanación. Hay lágrimas que necesitan ser enjugadas.

Hace años fui a almorzar a un restaurante. Era uno de esos pequeños restaurantes en los que pides comida frente al mostrador. Mientras caminaba hacia allí, vi a un hombre sentado solo en una mesa. Cuando nuestras miradas se encontraron, me saludó con la cabeza y, de inmediato, sentí compasión por él. Sabía que debía alentarlo de alguna manera. Vestía un bonito traje y parecía una persona de buena posición. Yo vestía pantalones cortos y nuestro hijo, Jonathan, me acompañaba. Tenía alrededor de dos años en ese momento. Pensé: "No tengo por qué animar a ese señor. Se ve que le está yendo bien". Seguí posponiendo y evadiendo acercarme a él.

Pedí nuestra comida y al salir, como me había saludado con un gesto, decidí pasar por su mesa. Intentando ser amigable, dije: "Hola, ¿cómo le va?".

Él se rio y dijo: "No muy bien. Las cosas están un poco difíciles".

No pensé mucho en su respuesta. Solo sonreí y dije: "Bueno, ánimo, sé que las cosas van a mejorar".

Me dio las gracias y me fui. Esa fue toda la conversación.

Unos meses más tarde, recibí una carta de él por correo. Me contó que estaba pasando por el momento más difícil de su vida. Enfrentaba un divorcio y todo su mundo se había desmoronado. Durante meses había estado deprimido, pero dijo: "Cuando hiciste esa afirmación de que todo iba a mejorar, fue como si algo se hubiera vuelto a encender dentro de mí". Ese día fue un punto de inflexión en su vida. Salió de la depresión. Recuperó su fuego. Hoy, está avanzando.

Lo que quiero destacar es que no dije nada profundo. No sentí escalofríos cuando lo dije. Simplemente me tomé el tiempo de demostrarle que me importaba. No nos damos cuenta de lo que tenemos. La fuerza más poderosa del universo está dentro de nosotros. Lo que puede parecernos ordinario, como si no fuera gran cosa, se vuelve extraordinario cuando Dios sopla sobre ello. Podemos infundir vida. Un simple acto de bondad. Un simple abrazo. Palabras de aliento. Dejarle saber a alguien que te importa. Esa puede ser la chispa que le devuelva la vida.

ABRAZOS QUE RESCATAN

En 1995, una joven dio a luz a sus gemelas. Nacieron muy prematuramente. A una de las bebés se le diagnosticó un grave problema cardíaco y no se esperaba que sobreviviera. La política del hospital era mantener a los bebés en incubadoras separadas. Pasaron varios días, la bebé siguió empeorando, y estuvo muy cerca de la muerte. Una de las enfermeras estaba convencida de que las bebés debían estar en la misma incubadora, tal como habían estado en el útero de su madre.

Después de mucho trabajo y persuasión, convenció al hospital para que hicieran una excepción, y pusieron a las bebés en la misma incubadora, una al lado de la otra. De la noche a la mañana, de alguna manera, la bebé sana logró poner su bracito alrededor de su hermanita enferma. Para sorpresa de todos, la salud de la hermana pequeña comenzó a mejorar. Su temperatura volvió a la normalidad. Su corazón se estabilizó. Poco a poco, día tras día, fue mejorando cada vez más. Hoy, son dos jóvenes perfectamente sanas. Hay una foto muy conmovedora de la bebé con su brazo alrededor de su hermana que se llama "El abrazo que rescata".

No siempre vemos lo poderosos que somos en realidad. Dios te ha sanado. Tus abrazos pueden hacer que la gente sane. Tus amables palabras pueden hacer que la gente se recupere. Las Escrituras dicen: "La lengua que brinda alivio es árbol de vida" (Proverbios 15:4, NVI). Una llamada telefónica, llevar a alguien, invitar a una persona a cenar, animarle a que persiga sus sueños... hay milagros en ti que están esperando suceder. Algunas personas solo necesitan saber que tú crees en ellas. Cuando les dices: "Eres increíble. Vas a hacer grandes cosas. Estoy orando por ti", puede parecerte una cosa simple, pero para la otra persona puede ser edificante. Puede ayudarla a florecer y que alcance todo aquello para lo que fue creada.

Un pasaje de las Escrituras cuenta que Moisés estaba en la cima de una gran colina viendo una batalla que el pueblo libraba. Moisés sostenía su vara en alto. Mientras lo hacía, los israelitas avanzaban victoriosos. Pero la batalla continuó hora tras hora y se cansó. Cada vez que bajaba los brazos, los amalecitas comenzaban a ganar. Finalmente, Moisés no pudo soportarlo más. Se sentía demasiado cansado. Su hermano Aarón y un amigo llamado Hur estaban con Moisés en la montaña, observando todo. Podrían haber orado: "Dios, necesitamos un milagro. Evita que los amalecitas nos derroten". En cambio, tuvieron otra actitud: "Nosotros podemos convertirnos en el milagro que necesitamos". Se posicionaron a cada lado de Moisés y sostuvieron sus brazos en alto. De esa forma, se convirtieron en el milagro que se necesitaba y los israelitas obtuvieron la victoria.

Hay personas que Dios pone en nuestro camino que necesitan nuestra ayuda para levantar y sostener sus brazos. No ganarán la batalla por sí mismos. Necesitan tu aliento. Necesitan tu abrazo salvador. Necesitan saber que te preocupas. Están orando por un milagro. No pierdas la oportunidad. Haz lo que hicieron Aarón y Hur, y conviértete en el milagro.

Vi un reportaje en las noticias sobre una joven llamada Meghan. Estaba en el tercer año de la escuela secundaria y era una corredora estrella de larga distancia en el equipo de atletismo. En las finales estatales, ya había ganado el primer lugar en la carrera de mil seiscientos metros. Luego compitió en una carrera del doble de distancia. Cuando dio la vuelta a la curva final, a unos cincuenta metros de la línea de meta, vio que la chica que iba delante de ella comenzaba a tambalearse y que sus rodillas se doblaban. La jovencita no pudo seguir corriendo y finalmente se desplomó. Lo que sucedió a continuación fue noticia en todo el mundo. En lugar de rebasarla, ante la oportunidad para vencerla, Meghan se detuvo, se acercó a la joven, la levantó, se puso el brazo de ella sobre sus hombros y avanzó hacia la línea de meta.

La gente en las gradas comenzó a vitorearla. No había un par de ojos secos, sin lágrimas, en el lugar. Cuando llegó a la meta, Meghan se volteó para que su oponente cruzara la línea frente a ella. Técnicamente, ambas deberían haber sido descalificadas, porque a un corredor no se le permite tocar a otro, pero el Estado hizo una excepción y les dio un tiempo de llegada oficial a las dos. Meghan dijo después: "Ayudarla a cruzar la línea de meta fue más satisfactorio que ganar el campeonato estatal".

TU LUZ SE ABRIRÁ PASO

Es genial recibir un milagro, pero no hay mayor satisfacción que convertirse en un milagro. ¿A quién estás llevando? ¿A quién estás levantando? ¿A quién estás ayudando a cruzar esa línea de meta? Tu destino está conectado con la ayuda que das a los demás.

Isaías lo expresó de esta manera: "Cuando alimentes al hambriento, cuando vistas al desnudo, cuando ayudes a los necesitados, entonces tu luz brillará como el amanecer y tu sanidad vendrá rápidamente" (Isaías 58:10, NVI). Si haces que tu negocio se convierta en un milagro, Dios se ocupará de darte milagros. Nunca te faltarán sus bendiciones y abundancia.

Amigo, amiga, tú eres la respuesta a la oración de alguien. Puedes dar un abrazo salvador esta semana. Puedes ayudar a una persona a cruzar la línea de meta. Eres el milagro por el que otros están creyendo. Cuando salgas todos los días de tu casa, que tu actitud sea: "Soy un milagro a punto de suceder". Si vives sin pensar en cómo obtener un milagro, sino en cómo convertirte en un milagro, entonces, tal como Dios lo prometió, tu luz brillará como el amanecer. Tu sanidad, tu promoción y tu reivindicación llegarán rápidamente.

Sobre el autor

JOEL OSTEEN es el autor de diez *best sellers* del *New York Times* y el pastor general de Lakewood Church, en Houston, Texas, Estados Unidos de América. Ha sido nombrado, por numerosas publicaciones, como uno de los líderes cristianos más influyentes del mundo. Sus mensajes televisados son vistos por una audiencia de más de diez millones de personas cada semana en los Estados Unidos, y por millones en más de cien países alrededor del mundo. También es el presentador de Joel Osteen Radio, una emisora de veinticuatro horas en el canal 128 de radio satelital SiriusXM. Reside en Houston con su esposa, Victoria, y sus hijos. Puedes visitar su sitio web en www.joelosteen.com y encontrarlo en Facebook en www.facebook.com/JoelOsteen.